KB063792

'좋아하는 것'을
'잘하는 일'로 만드는
법칙

'계획된 우연'을 찾아가는 자기 이해 워크북

'좋아하는 것'을 '잘하는 일'로 만드는 법칙

이현주 지음

갈매나무

프롤로그

'나는 도대체 뭘 하고 싶은 걸까?' 고민하는 당신에게

우리는 모두 저마다의 인생을 살고 있습니다.

세상에 태어나서 부모를 만납니다. 그리고 옹알이를 하다가 조금씩 허릿심으로 앉습니다. 조금 지나면 걸음마를 떼기 시작합니다.

그렇게 자라서 학교를 들어갑니다. 그리고 청소년기를 보내고 성인이 됩니다. 어른이 될 때 바로 취업을 할지 대학에서 좀 더 공부할지를 고민합니다. 대학에 간다면 어느 대학에서 무엇을 전공할지 고민하기도 합니다.

학교를 졸업하고 나면 취업을 합니다. 어떤 이는 사업을, 어떤 이는 결혼을 하기도 합니다. 어린 시절엔 멋진 사람을 만나 아름다운 가정을 꾸릴 거라는 막연한 환상을 품기도 했겠지요. 동화 속에 나오는 마지막 말처럼요.

"왕자님과 공주님이 만나서 행복하게 살았답니다."

하지만 막상 가정을 꾸리고 나서도 우리는 여전히 내일 무엇을 해야 할지 고민합니다. 어떤 선택을 할지 고민합니다.

우리는 늘 내일을 생각합니다. 우리 삶이 미래를 향해 움직이고 있기 때문입니다. 미래에 우리가 무엇인가를 하는 이유는 우리에게 주어진 어떤 '과제'가 있기 때문입니다. 그것은 다른 사람의 과제도 아니요, 회사가 우리에게 부여하는 공동의 목표로 환원할 수도 없습니다. 그 과제는 오롯이 지금 여기에서 삶의 길을 가고 있는 당신의 것입니다.

그 과제는 전공일 수도 있고 직업일 수도 있습니다. 행복한 가족을 꾸리는 일일 수도 있습니다. 혹은 어떤 특정한 행동을 바라는 것일 수도 있습니다. 가령, 어린 시절에는 "지적인 선생님이 되어서…" "정의로운 변호사가 되어서…" "최고의 요리사가 되어서…" "멋진 가수가 되어서…" "좋은 사람과 만나 행복한 가정을 꾸리고…" "에베레스트산 정상에서서…"와 같은 이야기를 친구들에게 이야기합니다. 그런 사람이 되는 자신을 상상해 봅니다.

하지만 정작 우리가 그 일을 해내더라도, 그러한 직업을 갖게 되더라도 또 다른 과업이 생깁니다. '무엇에 집중해야지…' '어떤 것을 선택해야지…' '세상에 이런 방식으로 이바지하고 싶어…' 이 고민은 눈을 감기 직전까지 이어집니다.

이런 고민을 총칭해서 저는 '삶의 방향성'이라고 부릅니다. 문제가 하나 있다면, 우리가 염두에 두고 있는 그 길은 아직 걸어보지 않은 길이어서 예측이 안 된다는 사실입니다. 그 누구도 내일 나의 인생이 어떻게 될지 정확히 모릅니다. 특히 지금처럼 변화가 빠르고 불확실성이 넘치는 사회에서는 더욱 그러합니다. 이럴 때 우리에게 불안이 몰려옵니다. 누군가가 자신보다 더 멋진 과업을 성취하는 것을 보며 조급함이 들기도 합니다. 내가 지금 잘 가고 있는지를 회의하기도 합니다.

저는 상담 현장에서 엄청나게 많은 사람의 고민이 두 가지 문제로 수렴한다는 사실을 깨달았습니다. 바로 '일'과 '관계'죠. "어떤 일을 하고 누구를 만나며 함께 무엇을 할 것인가?" 이는 삶의 방향성에 대한 질문입니다. 삶의 방향을 바로 진로라고도 할 수 있습니다. 진로는 단순히 직업이 아닙니다. 직업은 진로라는 큰 인생의 산을 넘을 때 잠시 입는 옷일 뿐입니다. 직업은 진로에 포함되지만 등가 개념은 아닙니다.

'계획된 우연'이라는 말이 있습니다. 세계적인 진로 상담 학자인 존 크럼볼츠John Krumboltz(1929~2019)가 주창한 말인데요. 삶의 방향성에서 우연이 매우 큰 영향을 끼친다는 이론입니다. 세상은 많은 변수로 이뤄져 있고 그 변수란 너무나 복잡하고 다양해서 예측하기 불가능하므로, 결국 우리 삶에 큰 영향을 끼치는 건 우연한 사건이라는 뜻이죠.

삶의 방향이 우연에 따라 움직인다고요? 사실 그렇습니다. 실제로 우리 삶은 계획대로 흘러가지 않습니다. 어떤 사람을 만나든, 어떤 지역에 가든, 어떤 직업을 선택하든, 그 무엇을 하든 우리는 어쩌다 보니 우연히 그 자리에 가게 된 경우가 많습니다. 그럼 우리가 삶에서 무엇인가를 계획하는 것이 다 무슨 소용이죠? 삶의 방향성은 우리 예측 범위 밖에 있으니 포기해야 할까요?

크럼볼츠는 '우연'이란 말 앞에 또 다른 단어를 하나 붙입니다. 바로 '계획된'이라는 형용사입니다. 그는 더 나은 삶을 위해 우리가 준비해야 하는 건 '계획된 우연'이라고 이야기합니다. '계획'과 '우연'이라는 어울리지 않아 보이고 모순으로 가득한 두 단어는 어떻게 결합이 되는 걸까요?

저는 이 당혹스러운 질문 앞에서 변하지 않는 두 가지 축을 제시하려고 합니다. 변수로 가득 찬 사회에서 두 가지 축은 당신의 주체성을 우뚝 세우는 다리입니다. 이 축은 삶의 방향을 형성하는 나침반이며, 당신이 이뤄야 할 사명이자 마땅히 성취해야 할 인생의 목표이기도 합니다. 그 두 가지 축은 바로 '좋아하는 것'과 '잘하는 것'입니다.

이 두 가지를 찾기란 언뜻 쉬워 보이나 그렇게 쉽지만도 않습니다. 우리 대다수가 좋아하지도 않고 잘하지도 않는 것에 매진하며 일상을 살아가는 경우가 너무나 많거든요. 그러나 이 기둥을 굳건하게 세우기만 한다면 우리는 거친 물살을 헤치고 나아갈 용기를 얻게 될 것입니다. 이 두 가지 축을 찾아 나아가는 삶의 과정을 저는 '계획된 우연'이라고 부르고 싶습니다. 닥쳐온 일에 어떻게 대응하고 대처할지는 오로지 나에게 달려 있습니다. 일단 나침반의 두 축을 지침으로 올바른 방향을 설정할 수만 있다면, 무수히 다가오는 우연한 사건 또한 열린 자세로 마주할 수 있게 됩니다. 주도권을 내가 다시 가져오는 거지요.

즉, 사건 자체는 우연히 벌어진다고 하더라도 그 사건의 방향을 설정하는 것은 나이기에 '계획된 우연'이라는 말이 성립하는 것입니다. 그렇다면 계획된 우연이란 모순이 아니라 절묘한 역설이 되겠지요. 저는 그 과정이 어떻게 가능한지를 이 책에서 당신과 함께 풀어나가 보려고 합니다.

이 책은 크게 4장으로 구성되어 있습니다.

1장에서는 급격하게 변화하는 사회가 우리에게 주는 압박감, 그리고 그런 불안정한 시대일수록 절대로 손에서 놓지 말아야 할 것에 관해 이야기해 보도록 하겠습니다. 어느 때보다 빠르게 변화하는 현대 사회에서 인생의 길잡이 역할을 해주는 건 우리 내면의 '고유성'입니다. 저는 1장에서 음악가·작가·내담자의 생생한 사례를 바탕으로, 변화하는 시대에서 절대 놓치지 않아야 할 것이 무엇인지를 이야기해 보고자 합니다.

2장에서는 이렇듯 급변하는 환경에도 굴하지 않게 해주는, 우리 내면에 존재하는 나침반의 두 축을 살펴볼 것입니다. 특히 그중 첫 번째 축인 '좋아하는 것'을 찾아보는 데 방점을 둘 것입니다. 우리를 생생히 살아 움직이도록 하는 힘은 어디까지나 우리가 강하게 열망하는 데 있으니 말이죠.

3장에서 우리는 나침반의 첫 번째 축인 '좋아하는 것'을 좀 더 심도 있게 들여다보려고 합니다. 자신이 무엇을 좋아하는지 알기란 생각보다 쉽지 않습니다. 세상이 원하는 방식으로 움직이다 보니 정작 자신에게 그런 질문을 해본 지 오래된 사람이 부지기수입니다. 그러므로 누군가를 이해하고 싶을 때와 마찬가지로, 나를 이해하고 싶을 때도 질문을 해봐야 합니다. 3장에는 당신 자신에게 던지는 여러 질문이 나옵니다. 당신은 이 질문에 스스로 답변해 보기도 하고 여러 실습을 해보기도 할 것입니다.

3장은 진도를 나가는 게 목적이 아닙니다. 오히려 멈춰서서 숙고하고 반복하는 과정이 중요합니다. 어떤 질문이 내 마음을 파고든다면 그 질문을 곱씹어 보기 바랍니다. 눈으로 읽기보다는 깨달은 것을, 알게 된 것을 직접 적어보는 시간이 되기를 바랍니다. 똑같은 질문이어도 사람마다 답변은 달라집니다. 또 같은 사람이라도 반복해 답할수록 답변의 깊이가 깊어지겠지요.

그 과정에서 당신이 좀 더 깊은 욕구와 열망을 발견하기를 원합니다. 말미엔 작은 테스트를 거치면서 여러분이 중요하게 생각하는 가치를 찾아보기도 할 것입니다. 나를 이해하는 과정은 엄청난 기쁨입니다. 내가 넘어졌을 때 일어나기 위해서 첫 번째 할 일은 '일어날 수 있다는 믿음을 갖는 것'입니다. 자기 이해는 어둡고 어려운 삶에서 한 줄기 빛이 될 스스로에 대한 확신을 세우는 데 큰 역할을 해줄 것입니다.

4장에서는 나침반의 두 번째 축인 '잘하는 것'을 찾아보려고 합니다. 그리고 잘하는 것과 잘할 수 있는 것의 차이를 살펴보고자 합니다. 그러고 나서 이 나침반의 두 축을 중심으로, '계획된 우연'이라는 모순적인 단어의 정체를 드러내 보려고 합니다.

삶의 방향성은 어디까지나 각자에게 달려 있습니다. 그렇기에 저는 당신이 이 책의 내용을 특정한 길이 더 좋다는 뜻으로 오해하지 않기를 소망합니다. 오히려 이 책을 통해 자신만의 길을 걷고 있는 당신의 모습을 있는 그대로 발견하기 바랍니다.

이 책은 '길'에 대한 이야기가 아니라 그 길을 걷고 있는 '당신'에 대한 이야기입니다. 그래서 이 책엔 많은 사례와 은유가 담겨 있습니다. 저는 학문적 내용은 최대한 빼고 삶에서 경험할 수 있는 이야기로 책을 구성했습니다.

특히 이 책엔 제가 만난 수많은 내담자의 이야기가 나옵니다. 그들은 자신의 생생한 이야기를 실어도 좋다고 흔쾌히 동의했습니다. 하지만 내담자의 보호를 위해 이야기의 핵심 주제는 살리되 나이나 직업 같은 세세한 사항은 조금씩 변경했습니다. 그들이 기꺼이 자신의 경험을 싣도록 허락해 준 것에 다시 한번 고마운 마음을 전합니다. 아울러 그들의 분투와 고민, 이야기 속에서 당신의 이야기와 잃어버린 빛을 찾기를 바랍니다.

그 누구도 자신이 무엇이 될지 알 수 없습니다. 삶이란 여전히 앞에 놓여 있는 길입니다. 그러나 우리는 그 '우연'한 사건들을 '계획'해 볼 수 있습니다. 저는 당신이 이루고자 하는 것을 함께 찾아보려고 합니다. 그러나 그것은 모두 이미 당신 안에 있습니다. 이 책이 당신 안에 숨겨져 있는 빛을, 영롱한 보석을 발견하는 데 도움이 되기를 바랍니다. 앞으로 가야 할 길을 좀 더 명확하게 볼 수 있기를 바랍니다.

삶의 방향을 고민하고 있다면 어두운 밤, 당신이 잠들기 전 작은 노트를 꺼내보시겠어요? 펜을 들고 오늘을 기록해 보는 겁니다. 어제까지는 아니었더라도 이제부터 적어봐도 괜찮습니다. 반복해서 적는다면 더욱 좋겠지요. 다른 사람을 알아가는 데 시간이 필요하듯 자신을 이해하는 데도 시간이 필요합니다. 아래의 질문에 스스로 답변해 보고, 그 속에서 작은 꿈을 발견하기를 바랍니다. 다가오지 않은 미래를 상상해 보기 바랍니다. 그 미래를 이루기 위해 내가 집중해야 할 일은 지금 가장 가치 있는 일에 몰입하는 것입니다.

"내 인생에서 가장 소중한 것은 뭘까?"

꿈은 상상이고 이미지입니다. 또한 꿈은 하나의 이야기이기도 합니다. 본래 인간은 하늘과 파도, 번개를 보면서 위대한 영웅들의 서사를 상상해 내는 존재들입니다. 그리고 그 서사는 곧 인간 스스로의 이야기가 되기도 했습니다. 당신은 어떤 삶의 이야기를 만들어 내려고 하나요?

이 책이 당신이 진정으로 좋아하는 것과 잘할 수 있는 것을 찾는 데 도움이 되기를 바랍니다. 또한 꿈을 발견하고 그 꿈을 실현해 나가는 사람에게 작은 주춧돌이 되기를 소망합니다.

"

외부를 보는 사람은 꿈을 꾸지만,

내부를 보는 사람은 깨어난다.

"

칼 융Carl Jung

차례

3 진짜 '좋아하는 것'을 어떻게 알까?
강점: 자아 탐색을 위한 7가지 강력한 질문

4 확실히 '잘하는 일'은 어떻게 만들까?
경험: 나의 가능성을 실현하는 '계획된 우연'을 찾아서

1

지금 원하는 삶을 살고 있나요?

당신의 하루하루가
행복하지도 불행하지도 않다면

“

한 사람이 어떤 선택을 하는지는

그 사람이 세계를 어떻게

바라보느냐에 따라 달라집니다.

”

우리가 삶을 대하는 세 가지 단계

저는 상담학자로서 여러 사람을 만나며, 사람들이 무슨 이유로 어떤 선택을 했는지에 관한 이야기를 수없이 듣습니다. 저녁 식사 메뉴 같은 작은 선택부터 전공을 정하고 회사를 고르는 등 큰 선택까지 말이죠. 한 사람이 어떤 선택을 하는지는 그 사람이 세계를 어떻게 바라보느냐에 따라 달라집니다. 저는 여러 상담 경험을 통해 인간이 삶을 대하는 태도에는 크게 세 가지 단계가 있다는 사실을 깨달았습니다.

먼저 첫 번째 단계는 꿈과 목표가 없이 사는 단계입니다. 이 단계의 가장 큰 특징은 '반복되는 삶'입니다. 꿈이 없으니 주어진 현실을 살고 목표가 없으니 같은 자리를 맴돌게 되지요. 이 단계의 사람이 나태하다는 의미는 결코 아닙니다. 저는 어떤 직종에서 무척 열심히 일하는 사람에게도 이러한 모습을 볼 때가 많습니다. 다만 이들은 주어진 것을 할 뿐이지 새롭게 도전할 만한 적극성이 없습니다. 내 삶의 주체는 나임에도 내가 원하는 걸 전혀 하고 있지 않습니다.

두 번째는 단기적이고 현실적인 목표로만 가득한 단계입니다. 이 단계에 있는 사람은 목표를 향해 나아가려고 결심합니다. 이 사람의 목표는 지극히 현실적입니다. 어떤 학교에 들어가는 것, 어떤 직업을 갖는 것, 어느 연봉에 도달하는 것… 언뜻 첫 번째 단계와 비슷해 보이지만, 가장 큰 차이가 있습니다. 첫 번째 단계의 사람이 어쩌다 보니 누군가 하라는 대로 그렇게 되었다면, 두 번째 단계에서는 자신에게 그 목표를 이루려는 동기가 있다는 점입니다.

현실적 목표는 삶을 살아가는 데 매우 중요합니다. 그러나 지나치게 현실적인 목표에만 주력하다 보면 그것은 어느새 우리 삶을 제약합니다. 나보다 더 빨리 달리는 이들과 비교하며 조바심을 느끼기도 하고 뒤처지는 사람을 보며 우월감을 느끼기도 합니다. 앞이 아니라 옆을 보고 뛰는 셈입니다. 첫 번째 단계와 차이는 있지만, 여전히 강한 타율성에 지배되는 셈이지요.

꿈은 이루기보다 꾸기 위한 것이다

세 번째는 장기적인 꿈을 꾸고 그것을 이루어 나가는 단계입니다. 이 단계의 사람은 무엇인가를 꿈꾸고 있으므로 눈빛이 또렷합니다. 꿈을 이루기 위한 현실적인 장기 목표와 단기 목표를 모두 가지고 있습니다. 그리고 그 목표를 이루기 위해 일상을 움직일 만한 용기가 있습니다. 정말로 꿈을 꾼다는 것 그리고 그것을 믿는다는 것은 내가 지금보다 더 크게 바뀔 수 있음을 믿는다는 의미입니다. 그러므로 점진적이지만 미래를 향해 움직이지요. 드디어 시간이 제 자리를 찾아가는 것입니다.

물론 평생 이루지 못하는 꿈들도 많습니다. 그럼에도 꿈을 향해 전진하는 일은 무의미하지 않습니다. 꿈은 달성하기 위해서라기보다 꾸기 위해 존재하기 때문입니다. 꿈을 모두 이루면 과연 좋을까요? 아니요. 꿈을 모두 이루어 버린다는 건 꿈이 없어진다는 의미입니다. 가능성의 세계가 닫힌다는 의미죠. 삶이란 아직 실현되지 않은 것을 조금씩 실현해 나가는 과정입니다.

이 책은 세 번째 단계인 '장기적인 꿈을 꾸고 그것을 이뤄나가는' 것에 초점을 두고 있습니다. 이것이 바로 이 책의 방향이자 목적입니다. 그러나 성공하는 법을 가르쳐 주는 책은 아닙니다. 오히려 성공보다는 성장에 관심을 두고 있습니다. 성장이란 내 삶이 고정되지 않고 변화한다는 의미입니다. 지금보다 좀 더 나은 무엇인가로 말이죠. 그리고 꿈이란 우리의 소망, 즉 우리가 원하는 바입니다. 우리는 이 지점을 집중적으로 다루면서 어떻게 꿈을 실현할 수 있는지, 어떻게 일상을 바꿔나갈지를 알아볼 것입니다. 그 전에 먼저, 꿈의 영향력을 잘 보여주는 아주 유명한 음악가의 이야기를 소개해 볼까 합니다.

야심 찬 음악가의 무모한 도전

1770년 한 사람이 태어났습니다. 그 사람은 음악가로서 꽤 재능이 있었습니다. 그러나 불행이랄까, 동시대에 음악가로서 최고의 재능을 지닌 선배가 있었습니다. 그 선배의 이름은 바로 볼프강 아마데우스 모차르트(1756~1791)입니다. 당시 서양 음악계에선 귀족이나 왕가의 지원을 받는 극소수 음악가만 주목을 받을 뿐, 대부분 음악가의 형편은 매우 어려웠습니다. 이런 시대에 모차르트 같은 천재 음악가와 같은 하늘 아래 있다는 것은 정말 뼈아픈 일이었죠.

그래도 이 음악가의 아버지는 자식의 재능을 높이 평가했나 봅니다. 아니면, 자신이 못 이룬 무엇인가를 아들이 대신 이루기를 바랐을지도 모릅니다. 아버지는 아들의 재능을 십분 활용하고 싶었습니다. 하지만 그 소망은 잘못된 방향으로 뒤틀리기 시작했습니다. 아버지는 아들을 가학적인 방식으로 양육하고 혹독하게 피아노를 연습시켰습니다.

게다가 음악가의 집은 무척이나 가난했습니다. 그는 아주 이른 나이부터 경제적 근심으로 가득했고 가장 역할을 도맡아야 했습니다. 그는 열한 살에 극장 오케스트라 일원이 되었고 열세 살엔 오르가니스트가 되었습니다. 지금 시대로 말하자면 초등학생 나이에 엄청난 압박을 받으며 여러 역할을 도맡은 것입니다.

이 음악가에게 더한 시련이 찾아옵니다. 10대 후반, 가장 예민한 청소년 시기에 어머니가 폐렴으로 돌아가신 것입니다. 그래도 그는 포기하지 않았습니다. 그는 아버지의 요구에 못 이겨 가혹한 연습을 견딘 것만은 아니었습니다. 가장의 책임을 지기 위해 음악을 한 것만도 아니었습니다. 그에겐 모차르트 같은 훌륭한 음악가가 되고 싶다는 야심이 있었습니다. 청년기 때부터 조금씩 유명해지기 시작했지만, 위대한 음악가로 불리기엔 여전히 모자랐습니다. 그는 어려운 현실을 한 줌의 재능과 무모할 정도로 강한 의지력으로 돌파하려고 애를 쓰는 중이었습니다. 이 음악가의 이름은 루트비히 판 베토벤(1770~1827)입니다.

끊임없이 닥쳐오는 불행의 의미

베토벤이 재능을 조금씩 꽃피우고 이름을 알리기 시작할 무렵 청천벽력 같은 일이 일어납니다. 조금씩 귀가 들리지 않기 시작한 것입니다. 그 시기엔 당연히 보청기도 없었습니다. 음악가로서는 막다른 절벽에 내몰린 거지요.

조금 안 좋아졌다가 다시 회복했을까요? 아니, 그의 귀는 계속 어두워져만 갔습니다. 이제는 바로 옆 사람이 말해도 뭐라고 하는지 알아듣기 어려웠습니다. 음악가가 자신이 작곡한 음악을 들을 수 없다는 것은 무엇을 의미할까요? 가족의 생계를 책임져야 하고 음악으로 이루고 싶은 야심도 있는 그에게, 이 장애는 무엇을 의미할까요? 화가가 시각을 잃는다면, 요리사가 미각을 잃는다면 비슷한 감정일까요? 그는 말할 수 없는 절망에 빠졌습니다. 그는 악보를 쓰고도 어떻게 연주될지를 들을 수 없어 머릿속으로만 그 선율을 상상해야 했습니다.

그런데 불행은 여기에서 끝나지 않습니다. 감수성이 유달리 높고 정열적이었던 그에게 또 다른 비극이 찾아옵니다. 바로 사랑하는 연인과의 이별이었습니다. 줄리에타 귀차르디(1782~1856)라는 여성은 오스트리아 백작 가문의 딸로 베토벤과는 신분 차이가 상당했습니다. 저는 베토벤이 그녀를 진심으로 사랑했다고 확신합니다. 베토벤 전기를 읽어본 사람은 잘 알겠지만, 그는 자존심을 빼면 시체입니다. 그 자존심 강한 베토벤이 귀차르디에겐 안절부절못했습니다. '월광'이라는 제목으로 잘 알려진 〈피아노 소나타 14번〉이 바로 그녀에게 헌정된 작품입니다.

베토벤은 평생 독신으로 살았는데, 그 배경에는 귀차르디와의 관계가 상당 부분 작용했을 거로 생각합니다. 시기가 참 안 좋았습니다. 베토벤의 청각이 극도로 악화할 그 무렵에, 집안 반대로 베토벤과의 만남이 어려워지자 귀차르디가 오스트리아 귀족과 갑작스럽게 결혼을 해버리거든요. 베토벤은 이때 적지 않은 상처를 받았을 겁니다. 가장 약해진 시기에 치명타를 맞은 셈이죠. 이 일련의 과정에서 베토벤은 어떤 마음이 들었을까요. 저는 단 한마디 이외엔 떠오르지 않았을 거라고 생각합니다. '죽어야겠다.'

1802년 10월 6일, 그는 하일리겐슈타트라는 지역에서 동생들에게 남길 유서를 작성합니다. 이 유서를 쓸 때 그의 심정이 어땠을까요. 날이 갈수록 점점 어두워지는 귀와 더불어 생겨나는 세상을 향한 원망, 사랑하는 사람에 대한 배신감이 뒤얽히지 않았을까요? 베토벤이 이 시기에 적은 유서는 현재에도 많은 사람이 찾아 읽고 있지요. 유서의 일부분은 다음과 같습니다.

"나와 함께 있는 사람은 멀리서 들려오는 플루트 소리를 들을 수 있는데 나에게는 아무 소리도 들리지 않았다. 다른 사람에게는 들리는 목동의 노랫소리 또한 나는 전혀 들을 수 없었다. 그럴 때면 나는 절망의 구렁텅이로 몰려 죽고 싶다는 생각밖에 나지 않는다. 그런 생각에서 나를 붙잡아 준 것은 오직 예술뿐이다."

여기서 베토벤이 말한 예술이란 무엇일까요? 그 예술은 어디에 있는 것일까요? 그 예술이란 음악이었겠지만, 그렇기에 음악이 외부에만 있다면 그는 들을 수 없었을 터입니다. 그러나 그의 예술성은 외부가 아니라, 모두 베토벤 자신 안에 있었습니다.

유서를 쓴 이후 그는 죽기보다는 살기를 선택했습니다. 그뿐 아니라 이전과는 완전히 다른 사람이 되어갔습니다. 베토벤의 위대한 천재성은 청력을 잃은 이후, 유서를 적은 이후에 비로소 빛을 발휘했습니다. 음악을 전혀 모르는 사람도 별칭은 알고 있는 〈영웅 교향곡〉(1802~1804), 〈운명 교향곡〉(1804~1808), 〈엘리제를 위하여〉(1810) 등의 곡들이 다 그 이후에 나온 작품입니다.

청각 문제가 악화하면서 베토벤은 더욱 외부 세계와 멀어져 고립되어 갔습니다. 그가 사교적이지 않다거나 사회적이지 않다는 비판이 있는데, 이는 과한 비판입니다. 귀가 잘 들리지 않는데 어떻게 대화에 참여할 수 있을까요? 게다가 앞에서도 이야기했지만, 베토벤은 자존심이 매우 강한 사람이었습니다. 그는 들리지도 않는 대화 모임에 참여하는 것이 죽기보다 싫었을 것입니다.

저는 놀랍게도 바로 이 부분이 베토벤이 위대한 사람이 된 변곡점이었다고 생각합니다. 귀가 들리지 않게 되면서 그는 자신의 예술성에 주목하고 그 재능을 더욱 갈고닦았습니다. 외부와 단절되는 만큼 내면과 만남은 가까워졌습니다.

그는 홀로 서재에서 고전을 읽고 사색에 집중했습니다. 자신이 겪고 있는 고통을 피하지 않고 마주하기 시작했습니다. 고독은 그의 창조적 영감의 원천이 되었습니다. 외부 소리를 듣지 못할수록 그는 오직 자신만이 들을 수 있는 작은 속삭임에 귀 기울이기 시작했습니다. 깊은 고독 속에서 그의 작품 세계는 한층 심원해졌습니다.

진정한 영웅은 누구인가?

절망은 베토벤을 무너뜨리지 못했습니다. 그는 거센 물결을 뚫고 앞으로 나아갔습니다. 이루지 못한 사랑은 깊은 열정으로 변모했습니다. 고통은 창조적 영감으로 승화되기 시작했습니다. 그의 꿈과 의지, 그리고 용기는 가장 깊은 고유성의 본질인 원형archetype을 일깨웠습니다.

원형이란 칼 융이 제안한 개념으로, 인간 존재의 뿌리이자 개인의 고유성을 만드는 기본 토대입니다. 우리가 살면서 경험하는 것들이 내용물이라면 원형은 그 내용물을 담는 그릇이라고 할 수 있지요. 즉 원형이란 우리 존재를 이루는 정수입니다. 그렇다면 '베토벤'이라는 사람의 정수인 원형은 어떻게 세상에 발현되었을까요?

베토벤이 쓴 〈영웅 교향곡〉은 음악 역사상 가장 위대한 교향곡 중 하나로 평가받습니다. 여기서 영웅이란 누구일까요? 원래 베토벤은 프랑스 혁명 이후 유럽 열강과 싸워 이긴 나폴레옹 보나파르트(1769~1821)에게 이 음악을 헌정할 생각이었습니다. 이 추측엔 강력한 증거도 있습니다. 곡이 완성된 후 처음 표지에 나폴레옹의 성인 보나파르트Bonaparte가 적혀 있었기 때문입니다. 그러나 우리가 잘 알다시피 나폴레옹은 몰락했습니다. 베토벤도 그가 혁명가가 아닌 또 다른 독재자로 등극하는 모습을 보면서 그를 영웅으로 여기던 생각을 접었습니다. 그럼 그가 이 곡을 헌정하려고 했던 진정한 영웅은 누구일까요.

그 영웅은 어쩌면 바로 베토벤, 그 자신이 아니었을까요?

특이점의 시대, 길을 잃은 사람들

베토벤이 살았던 시대에서 약 200년 정도 세월의 수레바퀴를 미래로 돌려보면 현대가 등장합니다. 베토벤은 마차를 타고 울퉁불퉁한 길로 다녔겠지만, 지금은 자동차가 고속도로를 활주하고 있습니다. 예전 사람은 아득하게 상상만 했던 비행기가 정말로 하늘을 떠다닙니다. 하늘만이 아닙니다. 하늘 위 우주 공간에도 수천 개의 인공위성이 지구를 공전하고 있습니다.

첨단 AI가 우리 삶 곳곳에 침투했습니다. 할 일을 대신해주고 여러 조언까지 해줍니다. 거실 청소는 로봇청소기가, 설거지는 식기세척기가 합니다. 모든 로봇과 전자장비는 밖에서도 제어할 수 있습니다. 스마트폰으로 몇 번 클릭하면 알아서 움직이죠. 이 모든 것이 베토벤이 살았던 마차 시대에서 불과 200여 년이 지나는 동안 일어난 일입니다.

우리는 그 어느 때보다 변화가 빠른 첨단사회 한복판에 놓여 있습니다. 우리가 좋다고 생각하던 직업이 사양길을 가거나 아예 역사 속으로 사라지고 있습니다. 우리는 이제 뭘 하고 살아야 할까요? 1970년대 "오라이all right!"를 외치면서 승객을 안내했던 버스 안내양은 창문 옆에 붙은 벨과 스피커에서 흘러나오는 녹음된 안내 소리로 대체되었습니다. 그 안내 소리를 녹음한 사람이 승자냐고요? 글쎄요. 일정 액수의 작업비와 저작권료를 받는다는 계약서를 쓰고 하루 정도 녹음을 마치면, 그것으로 그 사람의 역할은 끝납니다. 그 이후엔 시공간을 넘어 어느 장소에서든 녹음된 소리가 무한 반복됩니다.

그런데 굳이 꼭 사람 목소리를 직접 녹음할 필요가 있을까요? 아예 사람 목소리와 유사한 기계 목소리를 입히면 어떨까요? 이미 그런 일이 일어나고 있다는 걸 우리는 잘 압니다. 저는 미래를 배경으로 자율 주행을 하는 차에 앉아 최첨단 인터넷을 손으로 작동하며 정신없이 일하는 장면이 실린 영화를 본 적이 있습니다. 그 차엔 여전히 핸들이 있었습니다. 그러나 만일 완전한 자율 주행이 된다면 핸들이나 브레이크가 필요할까요? 번거롭게 손을 움직일 필요가 있을까요? 생각만 하면 알아서 작동되지 않을까요? 사실 생각도 필요한지 의문입니다. 굳이 내가 생각을 해서 어떤 일을 할 필요가 있을까요? 친절한 AI는 우리가 몇 날 며칠 고민한 것을 순식간에 뚝딱 만들어 낼 텐데요.

기계가 사람을 대체하는 시대가 온다면

이런 상황에서 우리는 대체 뭘 해야 할까요? 오랫동안 우리 사회를 주름잡았던 정년이 보장된 일자리, 어려운 자격증, 학위의 힘이 흔들리고 있습니다. 변화가 그만큼 빨라지고 있기 때문입니다. 예전에 받았던 자격증은 더 나은 자격증으로 얼마든지 대체될 수 있습니다. 그럼 훨씬 뛰어난 사람이 그보다 뒤떨어지는 사람을 대체하는 걸까요? 지금까지는 그래 왔습니다. 그리고 앞으로는 그러한 흐름이 더욱 가파를 것입니다. 그러나 이젠 사람을 대체하는 대상이 꼭 사람일 필요가 없습니다.

AI가 그림을 그리고 작곡도 한다고 합니다. 논문도 쓰고 의료와 법률 자문도 한답니다. 인간만이 할 수 있다고 생각했던 가장 전문적인 영역이 흔들리고 있습니다. 산업혁명을 이끌었던 컨베이어벨트가 무인으로 바뀌는 마당에, 의사·변호사·회계사 같은 전문직이 꼭 인간이어야 할 이유는 무엇일까요? 더 효과적이고 정확하기만 하다면, 대체 과정은 생각보다 급속도로 이뤄질지도 모릅니다. 게다가 AI를 탑재한 로봇은 연봉협상을 할 필요가 없습니다. 파업도 하지 않고 귀찮게 따지지도 않습니다. 그래서 고급 일자리인 화이트칼라가 AI 시대에 더 위기를 맞게 될 거라고들 합니다. 아무래도 숙련공 로봇을 만드는 것보다는 소프트웨어 프로그램이 가성비가 좋으니까요.

기존 심리학 연구에서는 성공을 이루는 가장 큰 변인 중 하나로 '성실성'을 꼽았습니다. 성실하면 어떤 일을 효과적이고도 빠르게 해낼 수 있죠. 어려운 시험에 합격한 사람이 매체에 나와 잠자는 시간까지 줄이면서 노력했다고 말하는 장면을 본 적이 있습니다. 물론 좋은 태도이지만 성실성이 자기 능력의 알파이자 오메가라면 곤란합니다. 왜냐하면, 기계야말로 성실성의 끝판왕이기 때문입니다. 기계는 잠자는 시간을 줄일 필요가 없습니다. 그러나 아무리 성실한 이들도 일단 잠은 자야 합니다. 여기서부터 상대가 안 되는 거죠.

"아니에요. 기계도 충전이라는 걸 해야 한다고요. 우리처럼 말이에요!" 맞는 말씀입니다. 그러나 그들은 충전하면서도 일을 할 수 있습니다. 그러나 몽유병 환자가 아닌 다음에야 우리는 잠을 자면서 일을 할 수는 없습니다. 게다가 AI나

로봇은 계속 업데이트가 되지만 우리는 그대로입니다. 사람은 수천 년 전이나 지금이나 몸도 마음도 달라진 것이 크지 않습니다. 기계가 새로운 버전으로 끝없이 발전할수록 우리의 구닥다리 몸은 더욱더 초라해집니다.

세계가 이렇게 빨리 변할 때 우리는 어떤 마음이 들까요? 바로 '불안'이지요. 미래가 걱정되고 무엇을 해야 할지 걱정이 날로 커집니다. 이 불안은 뉴스와 SNS 등 각종 매체를 통해 계속해서 재확산되며 증폭되고 있습니다.

학원을 열한 곳 다니는 아이와의 만남

제가 30대 초반의 일입니다. 저는 아침 일찍 나와 한 번도 가보지 못한 어느 거리를 걷고 있었습니다. 그때 저는 커다란 여행 가방을 끌고 가는 한 아이를 보았습니다. 언뜻 보기에는 초등학교 1~2학년 정도로 보이는 이 아이는 왜 이른 시간에 여행 가방을 끌고 다닐까요?

'요즘 아이들은 초등학교 때부터 수학여행을 가나?' 호기심이 일기 시작했습니다. 저는 원래 모르는 사람에게도 말을 잘 겁니다. 평상시 길을 지독하게도 못 찾는데, 그럴 때면 사람들에게 다가가서 어디로 가야 하는지 곧잘 묻습니다. 그 장기를 발휘할 때가 된 것입니다.

"혹시 학생, 수학여행을 가나요?"

아이는 가는 길을 멈추고 나를 빤히 쳐다보았습니다. 그러더니 갑자기 자기 가방을 땅에 쿵 하고 내려놓았습니다. 심지어 아예 가방에 달린 지퍼를 열기 시작하는 게 아니겠습니까? 그냥 어디 가는지 물어봤을 뿐인데 갑자기 가방을 여는 이 상황을 어떻게 이해해야 할까요? 좁은 길에 사람 두 명과 여행용 가방까지 있다 보니, 사람들이 길을 걷는 데 불편해지지는 않을까 내심 걱정이 되었습니다. 지퍼를 모두 열자 가방 내부가 드러났습니다. 그 안엔 무엇이 있었을까요?

모두 책이었습니다. 심지어 가득 채운 책이 쏟아지지 않도록 버클까지 채워놓았습니다. 여행 가방이 왜 그렇게 뚱뚱해 보였는지 비로소 이해가 되었습니다. 아이는 책을 하나하나 가리키며 무슨 책인지를 설명하기 시작했습니다. 그러더니 어느 순간 작은 손으로 제 소매를 붙들며 "아저씨!"하고 불렀습니다. 저는 스스로 청년이라고 생각했기에 그 말이 충격이었습니다. 아마도 난생처음으로 아저씨라는 말을 들어본 것 같아요. 그래서 당황한 나머지 "네?"라고 대답했습니다.

"아저씨, 제가 일주일에 학원을 열한 개를 다녀요."

그때가 약 10년 전 일입니다. 그 아이는 지금쯤 대학생이 되었으려나요. 오래전 이야기이지만 저는 지금도 그 눈빛이 잊히지 않습니다. 뉴스에서만 듣던 학원 일정에 매몰된 아이의 표정이 제 눈앞에 있었습니다. 조급함과 불안으로 가득 찬 눈빛이었습니다.

지금 저는 진로나 학습, 부모·자녀 상담에서 여러 아이를 만납니다. 그리고 그들 중 상당수가 지나친 학업 부담감과 경쟁 때문에 작은 어깨를 움츠리고 있는 모습을 계속해서 목격합니다. 심지어 초등학생 아이가 학원에서 개설한 의사 대비반 수업에 들어간다는 이야기가 들립니다. 의사가 좋은 직업인 줄 일찌감치 어떻게 알았을까요? 물론 그 아이들 가운데 일부는 의사가 되기를 정말 원할 수도 있지만, 대부분은 그저 가라고 하니 가지 않았을까요?

경쟁의 폭풍 속에 휘말려 있다 보면, 우리 역시 어느덧 그 풍조를 따라가게 됩니다. 간판, 스펙, 성공이라는 아득한 푯말이 아지랑이처럼 보이기 시작할 때 조급함과 모종의 압박감이 우리를 덮치기 시작합니다. AI, 반도체, 딥러닝, 메타버스, 로봇, 자율 주행 같은 새로운 분야에 관한 이야기가 여러 매체에서 쏟아지고, 어떤 직업은 갑작스럽게 쇠퇴하고 생각지도 못한 업종이 나타나기도 합니다. 이처럼 혼란스러운 상태에서 외부 정보만 좇다 보니 정작 우리가 누구인지, 무엇을 좋아하는지, 무엇을 해야 하는지를 잃어버리고 맙니다.

자신을 잃은 사람이 가장 불행하다

저는 여러 사람을 만나면서 가끔 탁월한 재능을 발견할 때가 있습니다. 예전엔 그런 역량을 발견할 때, '유레카'를 외쳤습니다. 그러나 재능이 훌륭한 사람이 사회의 시선과 압박 속에서 기를 펴지 못하고 꿈을 접는 상황도 무수히 보았습니다. 안타까운 마음에 여러 개입을 시도해 보았지만, 재능을 발견해도 주위에서 무신경하거나 스스로 그 역량을 계발하기를 아예 포기하는 사례도 꽤 많았습니다. 어떤 부모는 내게 대뜸 묻기도 했습니다. "그 재능이 밥 먹여주나요?"

아쉽게도 그 역량이 지닌 눈부신 빛깔을 잘 모르고 하는 말씀입니다. 그런 재능은 그 사람을 정말로 위대한 인물이 되도록 할 수 있습니다. 하지만 이런 이야기에 귀 기울이지 않는 경우가 많습니다. 눈부신 재능을 찾았는데도 관심이 전혀 없는 때도 있습니다. 그렇게 탁월한 재능이 있는 사람이 남들도 모두 다 하는 스펙 쌓기에 열중합니다.

아무리 뛰어난 재능이라도 계발되지 않으면 평생 잠들고

맙니다. 우리는 어느 분야에서 눈부시게 활약하는 사람을 볼 때 "저 사람은 저걸 하기 위해 태어났구나!"하고 말하곤 합니다. 맞습니다. 그러나 그 사람에게 재능이 있다 해도 그 성과는 그냥 이뤄진 게 아닙니다. 연어가 물살을 거스르며 올라가듯이 또 개미가 개미집을 짓듯이, 우리 삶에는 목적과 방향이 있습니다. 한 사람이 지닌 놀라운 재능은 그 사람의 목적이며 삶의 방향입니다. 그러나 그 재능은 계발되어야 빛을 발합니다. 물론 아무리 개인이 노력한다고 하더라도 주위에서 도와주지 않으면 어렵겠지요. 주변 사람들의 조력, 사회적 지지 등 많은 것이 더 필요합니다.

부여된 일을 해내느라 전속력으로 달리다 보면 깊은 생각을 할 수 없습니다. 물론 목적지를 가는 데는 효과가 있을지 모릅니다. 그러나 왜 그것을 달성해야 하는지에 대한 근본적인 물음 없이 맹목적으로 목적지의 방향만 제시하는 시대에 우리는 언젠가부터 자신의 고유성을 잃어버리고 말았습니다.

고유성을 잃은 인간은 모든 것을 잃는 것입니다. 정말로 목표했던 대학, 직업, 특정한 계층 등에 들어갔다고 하더라도 어느 순간 '이게 맞나?'하는 질문이 들기 시작합니다. 많은 사람과 함께 있다가 혼자 남게 되는 시기에 갑작스러운 공허함과 허무함이 듭니다. 나는 무엇을 위해 살아가고 있는지 고민하게 됩니다. 나 자신을 잃고 있다는 생각이 밀어닥칩니다. 자신을 잃은 사람은 아무리 화려해 보여도 결국은 가장 불행해집니다.

인생의 망망대해에서 꼭 필요한 두 가지

환경은 우리에게 큰 영향을 주지만, 우리가 수동적으로 반응해야만 하는 건 아닙니다. 아무리 환경의 파도가 거세고 가혹해도 인생이라는 배의 선장은 여전히 당신입니다. 거친 물살을 뚫고 나아가야 할 주인공은 자신뿐이죠. 많은 사건이 닥쳐올 때 우리가 집중해야 하는 부분은 어디까지나 '지금 내가 통제할 수 있는 것'입니다.

한번 상상을 해보죠. 배가 폭풍우에 휩싸여 있고, 불행하게도 선장이 바로 당신이라고 생각해 봅시다. 당신의 배는 미친 듯 휘몰아치는 거대한 파도 앞에서 위태로운 상황입니다. 당신은 선장으로서 어떻게 이 위기를 대해야 할까요?

어떤 이는 하소연할지도 모릅니다. 날씨가 험할 거라며 그렇게 항의했건만 억지로 나를 떠밀어서 바다로 보낸 회사를 원망할 수 있겠죠. 그러나 누군가를 원망한다고 해서 달라질 건 하나도 없습니다. 그런다고 매서운 폭풍이 잦아들지도 않을 테고요. 다행인 점은 당신이 아직 두 다리로 우뚝 서 있다는 사실입니다. 만만치 않은 환경이긴 해도 배가 아직 좌초된 것은 아닙니다. 미래는 당신이 어떻게 하느냐에 따라 달라집니다.

자, 다시 선장으로서 이 상황을 어떻게 타개할지를 생각해 봅시다. 당신은 선원들에게 어떤 지시를 내릴까요? 아마도 가능한 모든 짐을 버리라고 하겠죠. 중요하지 않은 것들부터 시작해 엘도라도에서 가득 실은 황금까지도 말입니다. 황금은 다시 모으면 되지만 난파된 배는 다시 되돌릴 수 없으니까요. 무게가 무거우면 사나운 파도에 그대로 중심을 잃을지도 모릅니다. 그렇게 짐을 버리다 보면 절대 버릴 수 없는 물건이 마지막에 남습니다. 우리가 폭풍 속에서도 절대로 놓지 말아야 할 것은 무엇일까요?

내 삶의 '키'를 쥔 사람은 나뿐이다

첫 번째로 놓지 말아야 할 것은 지금 당신이 꼭 쥐고 있는 키입니다. 차로 말하자면 운전대죠. 당신은 막중한 책임감 속에서, 흔들리는 키를 꽉 부여잡느라 손에서 피가 날 지

경입니다. 그러나 그 키를 놓을 수 없습니다. 키를 놓는 순간 배는 그대로 파도의 힘에 무너져 전복되고 말 테니까요.

바다가 당신의 삶이라고 생각해 볼까요? 화창한 날 바다를 보면 천국이 따로 없죠. 아름다운 햇빛과 푸른 바다. 영롱한 빛을 띠는 잔잔한 물결과 끝없이 펼쳐진 지평선. 먹을 것과 신비한 것이 가득한 바닷속. 우리는 누구나 삶이 얼마나 아름다운지 체험하는 순간이 있습니다. 그러나 폭풍우가 치는 날도 찾아옵니다. 어두워지고 번개가 치며 그 아름다웠던 바다가 당신을 삼키려고 호시탐탐 노리고 있는 것만 같은 위기감이 듭니다. 30분 전만 해도 다 괜찮으리라 생각했는데, 지금은 갑작스러운 위기 앞에 감정이 요동칩니다. '열심히 살았는데, 나에게 남은 것이 뭐지?'라는 회의가 듭니다.

하지만 괴로워도 이것은 당신의 삶입니다. 당신이 붙들고 있는 키를 누구에게도 양도해서는 안 됩니다. 내 삶을 누가 양도받을 수 있겠어요? 아무리 가까운 부모든, 친구든, 연인이든, 자식이든 그 누구에게도 그런 일은 불가능합니다. 즉, 고독하게 그 키를 붙들고 있어야 하는 존재는 당신 혼자입니다. 삶은 자신의 두 다리로 서야 합니다. 누구도 우리를 영원히 지탱해 주지 않습니다. 키는 우리가 쥐고 있어야 할 책임을 뜻합니다. 삶의 주체가 나라는 말은 책임도 나에게 있다는 의미입니다. 누구도 우리의 삶을 지배할 수 없고 책임질 수도 없습니다. 주체성엔 책임이 반드시 따릅니다.

내 안의 '나침반'이 가리키는 삶의 방향

두 번째로 놓지 말아야 하는 것은 바로 키를 쥔 당신의 손 한편에 자리 잡은 '나침반'입니다. 키와 더불어 절대로 포기할 수 없는 또 하나의 물건이죠. 삶의 항해도는 명확한 지도라기보다는 유동적인 방향성에 가깝습니다. 그래서 당신은 끊임없이 나침반을 확인해야 합니다. 아예 한쪽 손으로는 키를, 다른 한쪽 손으로는 나침반을 꼭 쥐고 있어야 하지요.

당신은 중간 정거장으로 쓰는 작은 섬을 간절히 생각하고 있을지도 모릅니다. 그곳에 정박만 한다면 이 거센 파도를 피하고 먹을 것과 쉴 곳이 있을 테니까요. 그러나 당신이 이 바닷길을 동네 앞마당처럼 안다고 하더라도, 나침반을 잃어버리는 건 재앙입니다. 당신이 알고 있는 모든 지식은 컴컴한 하늘과 요란한 격동 앞에서 혼란스러워질 것입니다. 단 몇 도 차이로 당신은 풍성한 열매와 깨끗한 물이 기다리는 섬이 아닌 망망대해로 다시 빠져들 수도 있습니다. 이를 판가름하는 것은 당신이 쥐고 있는 나침반입니다. 절망이 찾아올 때일수록 더욱 나침반을 놓치지 말아야 할 이유죠.

앞에서 이야기했던 대로 압박감, 경쟁, 비교 사회, 물질만능주의, 각종 화려한 스펙, 간판 등이 우리를 조급하게 만듭니다. 시대는 날이 갈수록 빠르게 변화합니다. 그러나 시류만 따르다 보면 삶은 더한 위기에 봉착할 수 있습니다.

AI 시대가 온다고 하니 갑작스럽게 코딩 공부를 시작한다고 생각해 볼까요? 경험해 보신 분들은 잘 알겠지만, 그 영역은 결코 만만한 게 아닙니다. 거기에도 수만, 수십만의 경쟁자가 있습니다. 자신만만하게 시작하다가 역경에 빠집니다. 지금 시작하기엔 늦었다는 생각이 들면서 마음이 복잡해집니다. 그러다가 또 누군가가 다가와 이렇게 말합니다. "앞으로 코딩도 AI가 다 한다던데?" 이 길이 아닌가? 안 그래도 흔들리던 마음이 격동하기 시작합니다.

코딩을 관두기로 합니다. 방금 말을 건 그 사람에게 그럼 AI 기술은 어디서 배워야 하는지 묻습니다. 그리고 이렇게 또 다른 길에 발을 디딥니다. 이리저리 시류에 몇 번을 휩쓸리다 보면 언젠가부터 인생이 갈지자로 왔다 갔다 하기 시작합니다. 이랬다가 저랬다가 하는 사이, 열심히 살았음에도 삶은 계속 같은 자리를 반복합니다. 조급함은 절망감을, 다시 절망감은 조급함을 낳습니다.

조급함과 절망감 사이를 헤매다가 우리는 손에 쥐고 있어야 할 나침반을 잃어버립니다. 나침반이란 무엇인가요? 많은 사람이 눈치챘겠지만, 그것은 바로 '내 삶의 방향'입니다. 삶의 방향은 누가 알려주는 건가요? 부모님? 사회? 유명인? 아뇨, 그것을 아는 존재는 당신 자신뿐입니다. 삶의 길은 사람의 수만큼 갈립니다. 부모나 자식처럼 사랑하는 존재도 삶의 방향은 제각기 다른 법입니다. 우리는 함께할 수는 있지만 절대 같은 길을 걸을 수는 없습니다.

그럼 나침반이란 어디에 있을까요? 다름 아닌 바로 당신 안에 있습니다. 당신이 추구하는 모든 꿈과 동기와 목표는 원래 당신 안에 있는 것입니다. 당신은 잠깐 있다가 사라지는 아지랑이나 연기가 아닙니다. 당신은 역사입니다. 당신이 만약 스무 살이라면, 이미 20년의 역사를 가지고 있습니다. 서른 살이라면, 그 30년의 역사가 고스란히 묻어 당신을 이루고 있습니다. 나침반은 그 고유성 안에, 당신이라는 수십 년의 역사 안에 숨겨져 있습니다.

당신이 쥔 키는 '주체성'입니다. 주체성이란 자신의 두 손으로 키를 움직이려는 의지죠. 나침반은 '고유성'입니다. 당신이 자신만의 항해에서 마땅히 가야 할 방향성이고요. 이 키와 나침반은 모두 당신 안에 있습니다.

삶의 의미를 상실할 때 찾아오는 것

회사 생활을 하다가 아이를 낳고 경력이 단절된 한 30대 여성 A가 제게 상담을 요청했습니다. 처음엔 육아휴직을 했지만, 도저히 아이를 두고 다시 직장에 복귀할 수 없었다고 합니다. 그렇게 가정을 돌보다 보니 어느새 십수 년이 지났습니다. A는 깊은 우울감을 호소했습니다. 처음엔 그 이유가 공부를 잘했던 아이의 성적이 떨어진 탓이라고 말했습니다. 회사도 그만두고 아이 공부에 매진했는데, 성적이 신통치 않으니 답답해 죽겠다고 했습니다. 게다가 이전엔 지시대로 꾸역꾸역 따르던 아이가 반항을 시작하고 심지어 학교도 안 가겠다고 싸우자 우울감이 밀어닥친 것입니다.

하지만 A가 아이에게 보인 엄청난 집착과 학구열은 사실 아이가 아닌 A 자신을 위한 것 같았습니다. 자신의 좌절된 욕구를 아이에게 투사하는 듯 보였죠. 저는 당연히 A의 아이를 어떻게 구슬릴 것인지에 초점을 두지 않았습니다. 제 내담자는 아이가 아니라 바로 A였으니까요. 우울이란 무엇인가를 상실했을 때 나타나는 감정입니다. 이 경우 표면적으로 A의 상실감은 아이의 성적 하락 때문이지만, 맥락을 살펴보면 그 상실감에는 좀 더 깊은 역사가 숨어 있습니다. 사춘기 아이를 잘 구슬려 다시 학업에 매진하도록 하면 좋겠다고, 그렇게 하면 우울증이 사라질 것 같다고 말하던 A는 상담 과정에서 조금씩 변화하여 아이가 아닌 자신을 들여다보기 시작했습니다.

A는 우울의 본질적 이유가 자식 때문이 아니라, 오히려 자신이 무엇인가를 잃어버렸기 때문임을 깨닫게 되었습니다. 아이를 낳느라, 가정을 돌보느라, 집안일을 하느라 자신을 잃어버렸다는 사실을 알아차린 거지요. 잃어버렸다는 말은 뒤집어 보면 원래는 무엇인가를 가지고 있었다는 뜻입니다. A의 진짜 모습은 무엇이었을까요?

A는 디자인을 전공해 디자이너로 일을 했고 재능도 있었습니다. 직장을 다닐 때만 해도 매너리즘에 빠져서인지 일이 주는 기쁨을 잘 몰랐다고 합니다. 그러나 십수 년이 지나고 나서야 자신의 일이 얼마나 중요한지를 깨달았습니다. 즉 A가 우울했던 원인은 마땅히 가야 할 자신의 길을 잃어버렸기 때문이었죠. 우리는 밥을 먹기 위해서만 사는 게 아닙니다. 우리를 움직이게 만드는 단 하나가 있다면 그것은 '의미'입니다. 우리는 진정으로 나를 나답게 하는 의미를 먹고 삽니다. 그 의미를 상실했을 때 우울과 불안이 찾아옵니다.

A는 우울감이 들 때마다 자신이 하지 못했던 것들을 아이에게 투영했습니다. A는 자녀를 잘 키우면 자신이 실현하지 못했던 과제를 실현할 수 있다고 생각했습니다. 그래서 아이를 거세게 몰아붙였고, 아이는 압박감에 지쳐 부모와 갈등을 빚게 된 것이죠. 그러나 아무리 부모 자식 관계라도 자신의 과제와 타인의 과제는 애초부터 다릅니다. 누군가를 아무리 사랑한다고 하더라도 타인의 과제를 대신할 수는 없습니다. 부모든, 연인이든, 배우자든 그 누구도 마찬가지입니다. 그 사람의 삶은 결국 그 사람이 스스로 살아내야 합니다.

A는 제게 어떻게 하면 좋겠냐고 물었습니다. 자신의 문제를 제가 해결해 줄 수 있을지 물은 겁니다. 가슴 아픈 일이지만 누구도 다른 사람의 문제를 해결해 줄 수는 없습니다. 그래서 저는 어떻게 해야 하는지를 알려주기보다는, 그 사람이 정말 가고 싶은 길이 무엇인지를 탐색하고 그 길을 현실에서 조금씩 실현할 수 있도록 도왔습니다. A는 자신이 원하는 것을 탐색하며 차츰 아이와 융합된 관계에서 벗어나기 시작했습니다. 아이와 분리되는 만큼 오히려 아이와의 관계가 더 나아졌습니다. 아이는 전보다 더 자신감을 느끼게 되

었습니다.

더 좋은 소식이 있습니다. A가 자신이 마땅히 가야 할 길을 좀 더 명확하게 발견했다는 사실입니다. A는 어떤 방향성을 가지고 살 것인지를 찾고, 용기를 내어 그 길을 향해 뚜벅뚜벅 나아가기로 했습니다. 우울하거나 불안할 만한 이유가 사라지면 우울과 불안은 점차 사라지기 마련입니다. A가 우울했던 이유는 자신의 무대를 상실했기 때문이었습니다. 다시 자신만의 무대를 찾고, 원하는 일을 조금씩 준비하고 몰입하면서 우울은 사라지기 시작했습니다.

당신이 어떤 존재인지 생각해 본 적 있나요?

정신분석학과 아동심리학에 거대한 발자국을 남긴 사람이 있습니다. 바로 영국의 정신분석가인 도널드 위니컷Donald Woods Winnicott(1896~1971)입니다. 위니컷은 평생 아이들을 상담하며 그 내면에 공통되게 숨은 무엇인가를 발견하려 애썼습니다. 그는 그 무언가를 이렇게 정의했습니다.

> "창조성은 보편적인 것이다. 그것은 살아 있음으로 존재하는 것에 속한다. … 그것은 갓난아기의 삶의 순간순간 안에도 마찬가지로 현존해 있다."

이 말은 즉, 모든 사람은 마치 지문처럼 고유한 창조성을 타고나며, 삶에서 그 가능성을 발휘할 수 있다는 뜻입니다.

우리는 보통 누군가에겐 창조성이 있을지 몰라도 자신에

겐 없을 거라고 여깁니다. 창조성이란 아인슈타인, 뉴턴, 미켈란젤로 같은 특별한 천재나 예술가에게만 있다고 생각합니다. 그들에 비하면 스스로는 그저 그런 평범한 사람일 뿐이라고 자평하기도 합니다. 아무리 특별하게 보려고 해도 별다를 것 없는 소시민의 삶을 살고 있을 뿐이라며 볼멘소리를 하기도 합니다.

타당한 말씀입니다. 당신이 소시민이라는 말이 아니라 우리가 그다지 다르지 않다는 그 말이 타당하다는 뜻입니다. 가만 보면 정말로 인간은 그다지 다를 게 없습니다. 보통 인간의 키는 2미터를 넘지 않습니다. 눈은 두 개이고 코는 한 개입니다. 키가 3미터가 넘고 눈이 네 개쯤 되는 사람은 SF 판타지에서나 존재합니다. 눈 두 개, 코 하나, 입 하나, 손가락과 발가락 열 개씩… 인류는 대부분 큰 틀에서 일정한 보편성을 갖고 있습니다. 우리가 천재라고 부르는 사람도 마찬가지입니다.

아인슈타인의 뇌는 특별했을까?

'천재'의 대명사인 아인슈타인이 죽고 난 뒤, 연구자들은 그의 뇌를 해부해 보았습니다. 지능이란 뇌의 능력을 측정한 것이고, 뇌는 생물학적 실체를 지니죠. 사람들은 아마 이 시대의 가장 천재적인 발상이 어디서 나왔는지 궁금했던 것 같습니다. 아인슈타인의 뇌라니? 뭔가 특별할 것 같지 않나요?

결말은 매우 실망스러웠습니다. 그의 왼쪽 손가락을 담당하는 뇌 구역이 보통 사람보다 조금 더 크다는 것 외에는 별다른 특이점이 없었습니다. 그 구역이 조금 큰 이유도 그가 바이올린을 연주하느라 손가락을 분주하게 움직였기 때문이라는 설명이 설득력을 얻었습니다. 20세기의 가장 위대한 발견으로 꼽히는 '상대성 이론'의 출처는 뇌의 어느 부분에서도 찾을 수 없었습니다.

미켈란젤로의 〈천지창조〉라는 작품을 보면 이 위대한 그림을 진정 사람이 그린 게 맞나 하는 의심마저 듭니다. 그러나 미켈란젤로 역시 우리처럼 손이 두 개였고 손가락은 열 개에 불과했습니다. 역대 최고의 단거리 달리기 선수로 꼽히는 우사인 볼트는 가히 그 이름처럼 번개같이 빠릅니다. 그러나 그 역시 우리와 똑같은 두 개의 발로 뛰었을 뿐입니다. 그의 심장 구조 역시 우리와 크게 다르지 않습니다.

이처럼 언뜻 보면 우리는 모두 비슷비슷합니다. 그렇다면 사람 사이의 이 엄청난 격차는 도대체 어디서 오는 걸까요?

작은 역량 차이가 위대함을 만든다

인간은 보편적 특징을 공유하지만, 어떤 역량이 조금씩은 차이가 나기 마련입니다. 모두 비슷비슷하기 때문에 오히려 작은 역량 차이가 한 사람을 위대하게 만들 수도 있습니다. 우리 역시 마찬가지입니다. 정도의 차이일 뿐이지 우리도 각자만의 특질을 갖고 있습니다. 즉, 언뜻 보면 비슷해도 자세히 보면 우리는 모두 다릅니다.

신체적 특징을 예로 들어보죠. 우리 눈동자는 사람마다 각각 다릅니다. 만약 같다면 홍채 인식으로 보안장치를 푸는 일이 가능했을까요? 지문도 모두 타인과 다릅니다. 유전적으로 거의 똑같은 일란성 쌍둥이도 지문은 다릅니다. 전 세계엔 약 70억 명이 넘는 사람이 있지만 그중 당신과 똑같은 지문을 가진 사람을 찾을 확률은 0퍼센트에 가깝습니다.

창조성은 이처럼 미세한 곳에서 발견되는 독특함에서 비롯됩니다. 즉 창조성이란 세계에서 제일가는 재능을 뜻하는 것이 아니라, 보편성을 지니면서도 남들과는 다른 고유성의 총합입니다. 이 고유성이라는 특수성이 당신을 당신답게 하는 것이지요. 마치 지문처럼요. 손가락에 인주를 묻혀 지문을 찍어내도 여전히 당신 손에 지문이 남아 있듯이, 고유성도 당신 안에 있습니다.

하지만 고유성을 발견했다고 해서 당신의 창조성이 다 발휘되는 것은 아닙니다. 그 창조성은 아직 원석처럼 잠재되어 있습니다. 금광석은 금이 아닙니다. 발견한 금광석을 발굴해 가공하고 단련한 다음에야 금이라고 부를 수 있습니다. 이를 당신의 재능에 대입해 보면 재능의 잠재태는 있지만, 아직 현실태로 나타나고 있지는 않은 상태죠. 당신의 재능을 펼칠 무대가 없다면, 창조성은 당신의 가장 깊은 곳에 잠들어 있을 뿐입니다.

자신의 내면을 들여다볼 질문들

발굴한다는 건 무슨 뜻일까요? 안에 있는 것을 캐낸다는 뜻이죠. 일단 원석을 캐야 그걸 가공해 가치 있는 무언가를 만들어 낼 수 있지 않을까요? 그러나 우리는 보통 이런 발굴 작업을 하지 않습니다. 우리는 정보의 홍수에 휩쓸리느라, 사회에서 요구하는 특정한 조건에 골몰하느라, 어떤 조직에 충성하느라, 사람들 눈치를 보느라… 자신의 내면을 탐색하지 못한 채 살아갑니다.

우리는 일상에서 외부 정보에 관한 질문을 수없이 되풀

이합니다. 아침에 출근하면 '한 시간 뒤 회의 때 내가 준비해야 하는 것이 뭐지?'라고 생각하며 분주히 움직입니다. 회의를 마치면 '오늘 점심은 무엇을 먹을까?' 고민합니다. 이후에도 '메시지가 열 개나 와 있네?' '부장님께 결재받아야 하는데 왜 이렇게 늦으시지?' '퇴근하고 나서 뭘 할까?' 등을 계속 고민하지요. 저녁이 되고 집에 돌아가 자리에 누워서 '새로운 영화는 언제 개봉한다고 했더라…' 같은 생각 더미를 다시 수십 개 정도 흘려보내다가 어느새 잠에 빠져듭니다. 그리고 일어나면 또 아침입니다.

준비해야 하는 업무, 점심 메뉴, 메시지 내용, 택배 도착 일자는 모두 눈으로 확인할 수 있고 정답이 있는 것들입니다. 이 모든 정보는 사실 관련 '정보'에 대한 객관적 질문이죠. 그러나 자신 안에 있는 고유성은 주관적입니다. 따라서 객관적 답안이 나오는 질문으로는 우리 고유성을 깊이 파고들기가 어렵습니다. 우리 안에 숨겨진 광맥을 발견하려면 좀 더 세심하고도 깊이 있는 질문이 필요합니다.

그러므로 스스로를 좀 더 자세하게 바라보기를 권합니다. '모두 다 취업 고민을 하는데 뭐' 같은 막연한 질문이 아닌, 자신의 길에 대한 깊고 구체적인 질문 말이에요. 자세히 들여다봐야 당신이 다른 사람과 다르다는 사실을 눈치챌 수 있습니다. 당신이 그 누구와도 똑같지 않다는 것을 발견합니다. 작은 눈동자와 그 눈빛에 담긴 감정, 그 감정이 생겨난 맥락과 기억 하나까지도요.

창조성은 고유한 경험의 총합이다

우리는 생리적으로도 누군가와 구별되지만, 우리를 좀 더 우리답게 하는 것은 심리적 요인이 큽니다. 이 심리적 요인은 환경과 상호작용하는 경험과도 관련이 깊습니다. 내가 누구인지를 외부에서 평가할 때, 그것은 객관적으로 보이는 '나'를 의미합니다. 그러나 내가 누구인지를 나의 어떤 경험을 토대로 해석할 때, 이는 주관적이며 보이지 않는 '나'를 가리킵니다.

따라서 심리학적으로 볼 때 우리가 가진 최고의 고유성은 바로 경험입니다. 우리가 삶에서 겪어온 의미 있는 경험이 바로 고유성의 열쇠입니다. 당신의 재능은 타고난 것도 있지만 경험 안에서 만들어지기도 하는 것입니다.

요약하자면, 우리 모두에겐 고유성이 있습니다. 세상에 당신이 지닌 고유성과 똑같은 것을 가진 이는 아무도 없습니다. 그 고유성은 지문처럼 당신 안에 깊숙이 새겨져 있으므로 좀 더 차분하게 탐색할 시간과 공간이 필요합니다. 정보가 너무나 많고 바쁘기도 한 현대 사회에서 내면을 차분하게 들여다보기란 어려운 일입니다. 그만큼 깊은 주의가 필요한 일이죠.

존재란 개별성을 뜻합니다. 당신이 누구인지, 어떤 것을 좋아하고 어디에 재능이 있는지, 무엇을 해야 하는지는 당신의 개별성과 특수성에 기인하고 있습니다. 그러므로 가슴에 손을 얹고 나에게 묻는 연습을 해봅시다. '당신은 어떤 사람인가요?' 하고 말입니다.

"당신은 어떤 존재인가요?"
"당신은 어떤 경험을 한 사람인가요?"
"가슴 깊이 정말 중요하게 생각하는 건 무엇인가요?"
"당신은 무엇을 하려고 하나요?"

상상을 현실로 만드는 고유성의 힘

러시아의 대문호인 표도르 도스토옙스키(1821~1881)는 청년 시절인 1848년 농부와 노예의 자유를 위해 혁명을 꾀했다가 체포되었습니다. 그리고 1849년, 형장에 끌려 나와 총살당할 위기에 처합니다. 형장에 세워져 이름이 호명된 순간 도스토옙스키는 어떤 심정이었을까요? 그는 그날 있었던 일을 형 미하일에게 편지로 전했습니다.

> "나는 오늘 죽음과 대면하고 소중한 이들과 작별할 때가 되어서야 중요한 사실을 깨달았습니다. 과거에 내가 아무 가치 없는 일에 얼마나 많은 시간을 허비했는지 말이에요."

당연한 이야기지만, 도스토옙스키가 형에게 편지를 쓸

수 있었던 건 살아남았기 때문입니다. 사형이 집행되기 직전 황제가 급히 특사를 보내 형 집행 정지를 선포했기 때문이죠. 대신 그는 시베리아의 옴스크 감옥에서 복역하며 극심한 노동을 하게 됩니다. 펜도 노트도 없는 빈약한 환경 속에서 그는 글을 쓰겠다는 집념을 불태우며, 종이 대신 자신의 머릿속에 쓸 글들을 적어나갔습니다.

이후 그는 완전히 다른 사람이 되어버립니다. 노동 교화 후 군대에 들어갔는데, 그때 자신의 작품을 출판할 기회를 얻었습니다. 그리고 《죄와 벌》《카라마조프 가의 형제들》《죽음의 집의 기록》《백치》 같은 불후의 명작을 남깁니다. 죽음의 위기는 도스토옙스키에게 삶의 의미를 가르쳐 주었습니다. 극심한 고난은 그의 창조성을 꽃피웠습니다.

앞서 이야기했던 베토벤 역시 가혹한 절망에 빠졌을 때 더 깊은 성찰에 이르렀죠. 베토벤이 귀가 들리지 않을수록, 더 고립될수록 그의 예술성은 꽃을 피웠고 그는 음악사에서 위대한 인물이 되었습니다.

여러분은 현재 어떤 상황에 있습니까? 당신이 만약 깊은 절망과 실패 속에서 신음하고 있다면, 그때가 바로 당신 내면을 깊이 들여다볼 시간입니다. 어둠이 가장 짙을 때 우리는 조만간 동이 틀 것을 예감합니다. 혹독한 겨울 속에서 봄

내음을 느낍니다. 절망 속에 희망이 있습니다. 혼돈으로 가득 찬 외부 현실 속에서 내면의 고유성이 꽃피우기 시작합니다. 모든 사람의 인생엔 절망이 찾아올 때가 있지만, 가혹한 절망 속에서 자신의 '원형'을 어떻게 활용할지 선택할 수 있는 강한 의지가 있다면 절망은 기회가 되기도 합니다. 영웅은 혼돈의 세계에서 태어나기 마련이니까요.

절망을 창조성으로 바꾼 열정

가정폭력에 시달린 나머지 결국 이혼한 한 여성이 있었습니다. 그녀는 정부 보조금을 받으며 생활했고, 너무 가난한 나머지 분윳값이 모자라 어느 날은 딸에게 물만 먹이기도 했습니다. 저를 찾아온 내담자냐고요? 아닙니다. 바로 우리 시대 가장 유명한 소설 중 하나인 《해리 포터》 시리즈의 작가 조앤 롤링(1965~)의 이야기입니다. 롤링은 소설을 쓰며 극심한 절망을 승화했습니다. 단칸방에 살고 있었기에 제대로 된 집필실이 없어서, 딸을 앞에 두고 카페나 기차 안에서 글을 쓰기도 했습니다. 그렇게 《해리 포터》 시리즈의 첫 번째 책이 완성되었습니다.

《해리 포터》 시리즈는 조앤 롤링 본인의 경험에 상당 부분 뿌리를 두고 있습니다. 호그와트의 선생들은 실제 그녀가 중·고등학교에서 만났던 선생들을 모티브로 만들었고, 론 위즐리나 드레이코 말포이 같은 중심 등장인물도 그때 만났던 학생들을 모델로 했습니다. 롤링이 겪었던 깊은 우울은 소설에 등장하는 감옥 아즈카반의 간수 디멘터의 모티브가 됩니다. 그녀가 어린 시절 살았던 집의 외형도 호그와트를 떠올리게 하지요. 《해리 포터》 시리즈는 작가의 내면 경험을 다양한 빛깔로 변주해낸 이야기인 셈입니다.

만일 롤링의 삶이 쭉 평탄했더라도 이런 소설을 쓸 수 있었을까요? 그녀가 이혼하지 않고 남들처럼 쭉 평안한 삶을 살았다면 소설을 쓸 수 있었을까요? 아니, 이혼했더라도 부모가 상당한 재력가라서 먹고살 걱정을 할 필요가 없었다면 그런 소설이 나올 수 있었을까요? 이혼 당시 좋은 직장에서 승진을 위해 정신없이 일하고 있었다면 그런 소설이 나올 수 있었을까요? 롤링이 하버드대학교 졸업식 축사에서 인용하기도 한 플루타르크의 글은 이 질문에 답해줍니다.

"우리는 내면에서 성취하는 것을 통해 외부 현실을 변화시킬 수 있습니다."

모든 일이 잘될 때 우리는 외부에 있는 목표를 향해 달려갑니다. 손만 뻗으면 모든 것이 준비되어 있으니 정신없이 뛰기 바쁘죠. 우리는 절망에 빠지고 나서야 비로소 내면을 들여다봅니다. '대체 뭐가 잘못된 거지?'라고 자문하면서요. 평소에 일기를 전혀 쓰지 않던 사람도 힘든 일이 생기면 무언가를 기록하기 시작할 때가 있습니다. 조앤 롤링이 글을 쓰기 시작한 이유는 그녀의 상황이 그만큼 절박했기 때문이 아닐까요? 호그와트라는 세계를 그린 이유는 그만큼 그녀가 딛고 있던 현실이 혹독했기 때문이 아닐까요?

절망은 망치가 되어 롤링의 내면 깊은 곳에 잠들어 있는 '원형'을 둘러싼 껍데기를 사정없이 내리쳤습니다. 그녀가 세상에서 배척될수록 상상 속 이야기를 표현하려는 열망은 커져만 갔지요.

당신은 어떤 고통을 겪고 있나요?

절망 그 자체가 롤링을 위대한 인물로 변모시켰다는 뜻은 아닙니다. 만약 그녀가 알코올 중독 같은 파괴적 행동으로 절망을 잠재우려 했다면 어떤 일이 일어났을까요? 그녀의 삶은 더욱 혼돈에 빠져들 가능성이 크겠죠.

그녀는 절망을 자신의 깊은 고유성에 불을 피우는 장작으로 만들었습니다. 괴로울수록 또 절박할수록 그녀의 작품에 대한 집념과 열정은 활활 타올랐고, 그것은 하나의 세계관을 창조했습니다. 괴로운 현실은 이상적 세계를 꿈꾸게 합니다. 롤링이 꿈꾼 세계는 글로 적혀 독자의 마음속에 침투했습니다. 그녀는 마치 절박한 상황에 놓인 선장이 키와 나침반을 놓지 않듯이 작품의 세계에 더욱 몰입했습니다.

《해리 포터》 시리즈의 주인공 해리 포터의 부모는 사악한 마법사인 볼드모트 때문에 모두 죽어버렸습니다. 이후 이모 부부 집에 얹혀살게 된 해리는 그곳에서도 학대를 겪습니다. 학교에서든 친구들 사이에서든 해리는 심각한 부적응자입니다. 그는 어딘가 사람들과 다른 이방인입니다. 그러나 해리는 위대한 마법사의 재능을 가지고 있었습니다. 심지어 갓난아이 때 가장 강력하고 사악한 마법사인 볼드모트를 물리친 적도 있습니다. 실로 대단한 잠재력을 가진 아이이죠. 절망 속에서도 희망을 잃지 않고 자신의 잠재력을 끌어낸 조앤 롤링처럼, 이모 부부 집을 떠난 해리 포터는 마법사들이 모여 있는 호그와트에서 본격적으로 성장합니다. 그리고 정말로 위대한 마법사가 됩니다.

롤링이라는 인물이 없었다면 《해리 포터》라는 소설은 탄생하지 않았을 것입니다. 반대로 해리 포터라는 인물이 없었더라면 롤링은 자신의 가혹한 절망에서 헤어나올 수 없었겠죠. 롤링에게 해리 포터는 바로 자신이었고 호그와트는 작품 속 공간인 동시에 그녀가 이 이야기를 쓰면서 이룬 정신적 성장의 상징이었습니다.

당신은 어떤 고통을 겪고 있나요? 그 고통 속에서 당신이 쓰려고 하는 서사는 무엇인가요?

작가의 꿈을 미뤄온 한 사람 이야기

저는 전문직에 종사하는 한 사람(이하 B)을 만난 적이 있습니다. B는 40대 후반의 중년 남성으로, 좋은 차를 타고 좋은 양복을 입고 있었습니다. 그러나 자신의 삶에서 도무지 어떤 의미나 즐거움을 못 느끼겠다며 저에게 털어놓았습니다. 모든 것에 흥미를 잃어버린 것 같다고도 했습니다.

저는 B의 흥미를 같이 찾아보기로 했습니다. 그리고 글쓰기에 관심이 있다는 사실을 발견했습니다. B는 아주 오래전부터 작가, 특히 소설가를 꿈꾸었다고 합니다. 그러나 10대 시절 자신이 쓴 원고를 읽어본 친구들에게 지루하고 쓰레기 같은 이야기라는 평가를 듣고 맙니다. 섬세한 B는 깊은 상처를 받았고 낙담하여 소설가의 꿈을 잠시 접어두었습니다.

게다가 B는 작품 세계에 몰두할 시간 자체가 없었습니다. 부모님 역시 두 분 다 전문직이었고 B가 자신들과 같은 직업을 갖기를 원했기 때문입니다. 그러려면 하루에 해내야 하는 공부량이 상당했죠. 부모님은 시시때때로 방문을 열고 B가 어떻게 공부하는지 감시하기도 했습니다. 그래서 B는 글 쓰는 일을 내려놓고 공부에만 매진해 기어코 부모가 원하는 바를 이루어 냈습니다.

원래는 목표를 달성하고 나면 글을 쓰려고 했습니다. 그러나 그 일은 실현되지 않았고, 누가 봐도 모든 것이 완벽해 보이는 삶에서 B는 홀로 깊은 고독을 느꼈습니다. 겉으로는 문제가 없는데 속에 구멍이 하나 크게 뚫린 것 같다며 눈물을 보이기도 했습니다. B는 여전히 글쓰기에 대한 미련을 못 버리고 있었습니다. 심지어 어린 시절부터 떠올린 이야기의 세계관과 캐릭터를 정리해 둔 습작 노트도 간직하고 있다고 했습니다.

저는 그 원고를 가져올 수 있는지 물어보았습니다. 그리고 시간을 내어 B가 쓴 글을 열심히 읽었습니다. 저는 원래 아주 긴 SF 판타지부터 역사 대하소설까지 각종 소설을 곧잘 읽곤 합니다. 그래서 전문가는 아니지만, B에게 매우 뛰어난 작가의 자질이 있음을 한눈에 알아볼 수 있었습니다. B가 10대 시절 썼던 습작 노트를 읽어보면서, 친구들이 혹평한 까닭은 아마도 그들이 이 작품을 볼 안목이 없거나 그 재능을 시기했기 때문이라는 생각까지 들었습니다. 그만큼 B의 재능은 긁지 않은 복권과도 같았습니다.

그는 왜 자신의 글을 쓰지 못했을까?

저는 흥분한 나머지 다음에 B를 만났을 때, 대단한 재능을 가지고 있다고 아주 자세하게 일러주었습니다. B가 쓴 이야기 중에 어디가 특히 눈부신지도 구체적으로 덧붙였습니다. B는 난생처음 듣는 이야기에 눈이 휘둥그레졌습니다. 그냥 하는 이야기는 아닌지 저를 여러 번 떠보며 어떤 부분에서 감명을 받았는지를 거듭 질문했습니다. 저는 그 질문에 몇 번이고 다시 답하면서 왜 B가 뛰어난 재능을 가졌는지를 강조했습니다.

그 와중에 밝혀진 사실은 B가 그 노트를 보여준 사람이 제가 처음이 아니었다는 것이었습니다. 이미 여러 번 다른 사람에게도 이 노트를 보여주었고 좋은 평가를 받았습니다. 심지어 학생 시절에조차 그렇게 나쁘게 평가한 친구만 있던 건 아니었습니다. 정말 뛰어난 작품이라고 그를 치켜세웠던 친구들도 여럿 있었습니다. 왜 B는 부정적인 평가에만 그렇게 몰두했던 걸까요? 저는 소설에 관해선 평론가도 아니고 전문가도 아니지만, B는 제 진정성에서 용기를 얻었습니다. 긴 이야기 끝에 B는 자신의 재능을 조금씩 믿기 시작하며, 제2의 인생을 살겠노라고 하면서 부푼 꿈을 갖고 돌아갔습니다. 그리고 이후 현재 시점으로 9년이 넘게 흘렀습니다. 저는 독자로서 B의 이야기가 하나의 소설 작품으로 만들어지기를 고대했습니다.

하지만 B는 현재까지 어떤 작품도 쓰지 못했습니다. 수 시간 만에 쓸 수 있는 분량이었다면 아마 나왔을지도 모릅니다. 그러나 그 소설의 세계관은 《해리 포터》처럼 상당히 밀도 높고 거대합니다. 주요 등장인물만 수십 명이고 각 캐릭터의 개성과 역학관계 역시 훌륭하게 짜여 있습니다. 그러나 기획과 실행 사이엔 루비콘강 같은 엄청난 틈이 존재합니다. 워낙 방대한 이야기라서 실제 소설로 만드는 건 결코 만만한 작업이 아니라는 뜻입니다. 일단 소설을 쓸 시간과 집중할 정신력이 필요하겠지요. 용광로에서 땀을 흘리며 철을 제련하듯, 자신의 상상력을 담금질해 세상 밖으로 한 글자씩 토해내야 할 것입니다.

안타깝게도 그렇게 하기에는 B의 삶은 지나치게 바빴습니다. 최근에 다시 만났을 때는 이전보다도 더 바빠져서 아침부터 밤까지 일을 해내느라 정신이 없었습니다. 심지어 전문직으로 일하는 동시에 작은 사업체까지 운영하고 있었습니다. B는 스스로가 느끼는 공허함을 바쁘게 살아내며 메워내고 있었던 것 같다고 이야기합니다. 문제는 B가 자신의 소설을 집필할 시간조차 낼 수 없다는 점입니다. 하지만 그렇게 소설에 대한 집념이 남달랐는데 왜 B는 단 한 권도 쓰지 않았을까요? 너무 방대해서 그렇다면 분절해서 단편 소설이라도 써볼 수 있었을 텐데요. B의 열정이 너무나 컸기 때문에 이는 이상한 일처럼 보입니다.

나의 가능성을 평가받는 두려움

B가 정신없이 바쁜 이유는 정말 많은 일 때문이기도 하지만, 이면엔 다른 요소도 있었습니다. 바로 '두려움'입니다. 어린 시절 작품을 내보였을 때 들었던 친구들의 냉혹한 평가는 여전히 B의 내면에 자리 잡고 있었습니다. 다른 판타지 소설에 대한 친구들의 '쓰레기 같은 글들'이라는 냉혹한 평가 역시 두려움으로 자리 잡았습니다. B는 그저 그런 삼류

소설가가 되고 싶지 않았습니다. 그러면 자신이 수십 년 동안 지켜온 고결한 상상력이 추락할 테니까요. 대하소설에 가까운 거대한 세계관을 습작 노트와 머릿속에만 꼭꼭 숨겨놓은 까닭 역시 B의 두려움일지도 모릅니다. 어떤 작품을 세상에 내놓는다는 것은 자신이 평가를 받는다는 의미니까요.

그래서 B는 작품을 쓰지 못하는 이유가 자신의 세계관을 내보이기가 두려워서가 아닌, 단지 시간이 없기 때문이라는 알리바이를 만들었습니다. 이보다 완벽한 알리바이가 있을까요? 어쩌면 전문직과 사업을 겸업하는 바로 그 상황도 두려움을 회피하는 수단일지도 모릅니다. 그 지점이 B의 천재성이 발현되지 못하게 만드는 단단한 족쇄이기도 하지요.

당신은 어떤가요? 당신도 무엇인가 이루고 싶은, 아직 열지 않은 상자가 있나요? 그런데 그 상자를 열지 못하는 이유를 아나요? 당신이 오랫동안 마음에 둔 일인데도 하지 못하는 것이 있지 않나요? 있다면 그 이유가 과연 무엇일까요?

그 일을 잘 관찰하다 보면, 그 안엔 어떤 두려움이 도사리고 있을지 모릅니다. 예전에 비슷한 것을 선보였다가 누군가에게 혹평을 들었을지도 모릅니다. 아주 오래전부터 자신의 능력에 대한 깊은 회의가 있었을지도 모릅니다. 우리가 무엇인가를 마음에 품고 있다면 그것은 여전히 가능성으로 존재합니다. 그러나 그 가능성을 꺼내 선보이면 이제 냉정하고 혹독한 평가를 감수해야 합니다. 숨겨놓았던 역량이 인정받을 수도 있습니다. 반면 천재라는 가능성을 잃은 그저 그런 사람이 될 위험도 있습니다.

우리는 날 것 그대로의 가능성을 내놓기를 두려워합니다. 자신이 정말 그 분야를 좋아했던 게 맞는지, 좋아한다고 해도 잘하는 것이 맞는지 확신이 서지 않습니다. 나침반의 두 가지 축을 소개하는 다음 장에서 이 질문에 하나하나 대답해볼 것입니다.

“

당신이 쥔 키는 ‘주체성’입니다.

주체성이란 자신의 두 손으로

키를 움직이려는 의지죠.

나침반은 ‘고유성’입니다.

당신이 자신만의 항해에서

마땅히 가야 할 방향성이고요.

이 키와 나침반은 모두 당신 안에 있습니다.

”

2

'좋아하는 것'과 '잘하는 것'의 결정적 차이

가치 : 정말 하고 싶은 일이 뭔지 헷갈리는 이유

“

무엇인가에 깊이 빠져 있는 사람을 이기기란
쉽지 않습니다. 당신이 그런 사람이라면
분야가 무엇이든 성공할 확률이 높습니다.
그러나 좋아하는 것을 하는 본질적 이유는
성공하기 위해서가 아닙니다.

……

무엇인가에 몰입하고 그 안에서
희열을 느끼는 사람만큼 행복한 사람이 있을까요?

”

세상에 '잘하는' 사람은 너무도 많다

인생의 키, 즉 삶의 주도권을 쥔 당신에게 이제 가장 필요한 단 하나의 도구는 나침반입니다. 이 나침반을 가리켜 우리는 '삶의 방향성'이라고 했습니다. 당신이 지닌 그 나침반은 배를 어디로 향해 움직여야 할지를 보여줍니다. 삶의 방향성이라고 하니 대단히 어려울 것 같지만, 실은 아주 단순합니다. 나침반은 두 가지 축으로 구성되어 있습니다.

첫 번째 축은 '좋아하는 것'입니다.
두 번째 축은 '잘하는 것'입니다.

저는 '좋아하는 것'과 '잘하는 것'이 우리의 본질이자 삶을 헤쳐나갈 때 가장 큰 역할을 하는 강력한 자원이라고 생각합니다. 여기서 무엇인가를 '좋아하고' '잘하는' 주체는 그 누구도 아닌 오직 '나 자신'입니다. 그러므로 이 두 축은 철저히 내 안에서 찾아야 합니다. 이는 우리 내면에 숨겨진 강한 잠재력이자, 도약을 위한 훌륭한 발판이기도 합니다.

그런데 사람들은 두 가지 중 어디에 초점을 둬야 하는지 제각기 다르게 말하곤 합니다. 어떤 이는 '좋아하는 것'을 우선순위로 두라고 합니다. 소소한 행복이나 쉼을 위해서 그편이 좋다고 말입니다. 또 어떤 이는 '잘하는 것'을 먼저 하라고 합니다. 일단 잘하는 것을 해야 세상에서 인정받고 성공할 확률이 높다는 이유죠. 좋아하는 것은 나중에 어느 정도 성공을 이룬 다음에 해도 늦지 않는다는 겁니다. 일견 타당한 말입니다.

문제가 하나 있다면, 대다수 사람은 자신이 잘하는 것이 무엇인지 알기 매우 어렵다는 점입니다. 좋아하는 것을 찾기도 만만치 않지만 잘하는 것을 찾기란 더욱 어렵습니다. 결국, '잘하는 것'이란 상대와 비교할 때 월등히 낫다는 걸 의미하거든요. 이 '월등히 낫다'라는 느낌을 현실에서 찾기란 정말 어려운 일입니다. 이 문제는 뒷부분에서 좀 더 자세히 다루도록 하겠습니다.

'잘하는 것'보다 '좋아하는 것'?

그럼 무엇을 우선순위로 둬야 할까요? 결론부터 말하자면 단연코 1순위는 '좋아하는 것'입니다. 당신은 둘 중 '좋아하는 것'에 철저히 초점을 둬야 합니다. 왜 그런지 살펴보기 위해서 먼저 '잘하는 것'에 대해 이야기해 볼까요?

저는 음식을 좋아합니다. 단순히 좋아하는 것을 넘어 오래전부터 요리에 꽤 재주가 있기도 했습니다. 어떤 요리는 오랫동안 탐구해 와서 저만의 레시피까지 있습니다. 인터넷 클라우드 노트에 맛있는 음식을 종류별로 나열하고 순위와 특색을 적은 후, 다른 한편엔 레시피들을 기록해 놓기도 했죠. 여러 레시피 중 발군은 바로 닭볶음탕입니다. 아시는 분은 알겠지만, 닭볶음탕은 만들기 그리 쉬운 요리는 아닙니다. 잠깐 자랑을 해보자면 저는 닭볶음탕을 수년 동안 끓여왔고 레시피도 다양해서, 언젠가는 교외의 멋진 강가가 보이는 이층집에 닭볶음탕 식당을 여는 상상을 해보기도 했습니다. 제가 살던 고향 집은 지금도 그대로인데, 그 앞엔 냇가도 흐르고 산세도 예뻐 닭볶음탕 집을 차리기 제격이거든요. 여러 사람을 초대해서 닭볶음탕을 선보일 때 듣는 칭찬은 제 자부심을 더욱 키워주었죠.

어느 날이었습니다. 누워서 유튜브를 보는데 우연히 닭볶음탕 끓이는 법을 소개하는 영상이 추천 영상으로 뜨는 게 아니겠어요? 무심코 클릭을 했습니다. 이 영상에서 소개하는 레시피는 좀 특이했습니다. 제가 아는 한 보통 넣지 않는 재료를 썼거든요. 제가 항상 넣는 재료 중 여러 가지가 빠져 있기도 했고 요리 순서나 과정도 제가 아는 것과 판이했습니다. 완전히 새로운 버전의 레시피였던 거죠. 저는 그날 저녁에 유튜브에서 알려준 대로 닭볶음탕을 끓여보았습니다. 맛이 어땠을까요?

정말 엄청나게 맛있었습니다. 가족들은 제 닭볶음탕 맛이 훨씬 업그레이드되었다며 칭찬을 아끼지 않았습니다. 닭볶음탕은 맛있었지만, 한편으로 씁쓸했지요. 클라우드 노트에 적어놓은 여러 버전의 비밀 레시피가 한없이 초라해지는 순간이었습니다. 아무나 볼 수 있는 유튜브에서 알려준 레시피가 제가 수년을 연마한 방법보다 나았던 것입니다. 단순히 나은 정도가 아니라 솔직히 월등히 맛있었습니다. 한편으로는 식당을 내지 않은 것에 대해 안도의 한숨을 쉬기도 했지요.

‘잘하는 것’의 ‘키’는 타인에게 있다

‘잘하는 것’에만 집중할 때 생기는 문제는 정작 그것을 세상에 선보였을 때, 언제나 ‘더 잘하는’ 사람이 있다는 것입니다. 게다가 ‘잘한다’라는 평가는 스스로 인정해서 얻는 것이라기보다는 외부 평가를 통해 획득하는 평가입니다. 즉, 내가 아무리 무언가를 잘한 것 같아도 그것이 정말 잘한 일이 되려면 누군가의 평가를 받아야 합니다. 그러니 자연스럽게 키를 타인이, 사회가 쥐게 됩니다.

저는 요리뿐 아니라 어린 시절엔 노래도 꽤 잘한다고 생각했습니다. 고향에서 장기자랑을 하면 친구들은 항상 저를 부추겼고, 그때마다 눈을 감고 열창을 했습니다. 심지어 10대 때는, 아무에게도 밝히진 않았지만 언젠가 가수가 되리라는 야심도 있었죠. 그러나 성인이 된 뒤 여러 사람과 노래방을 가게 되면서 그런 생각을 접었습니다. 솔직히 말해서 열 명이 가면 최소 두세 명은 저보다 잘했습니다. 객관적으로 평가해 보건대 저는 잘 해봐야 중간을 조금 웃돌 뿐이었습니다(물론 주관적 평점이라 그보다 더 못할 수도 있습니다).

게다가 요즘은 SNS에 가수 뺨치는 분들이 수도 없이 많습니다. 제가 지금까지 본 사람만 수백 명은 되는 것 같은데 그분들은 저와 아예 다른 레벨입니다. 그래서 저는 어디 가서 노래 잘한다는 말을 더는 하지 않게 되었습니다. 혹시 이 글을 보는 당신도 노래를 잘한다고 생각한다면 인스타그램이나 유튜브에서, 노래 잘하는 사람들이 어떻게 노래 부르는지를 한 시간만 들어보시기 바랍니다. 아마 당신이 실제 가수라거나 실로 엄청난 재능이 있지 않은 이상, 노래를 잘한다고 더는 말하기 어려워질 것입니다.

이처럼 세상엔 잘하는 사람이 너무 많습니다. 겨우 잘하는 것을 발견했다고 해도 나보다 잘하는 사람이 널려 있습니다. 예전에만 해도 뭔가를 정말 잘하는 사람은 공영방송이나 책에서나 간혹 접할 수 있었습니다. 그러나 지금은 유튜브, SNS, 각종 커뮤니티 같은 매체가 쏟아지고 있습니다. 그런 매체를 보다 보면 그야말로 '어나더 레벨'인 분들이 한 트럭씩 나옵니다. '내가 잘한다는 것'을 붙들고 나아가기 어려운 까닭이 바로 여기에 있습니다. 잘한다는 것은 누군가의 냉엄한 평가를 받아야 합니다. 그런데 실제로 자신보다 재능 있어 보이는 사람은 우리 사회에 널린 것처럼 느껴집니다. 그러기에 우리는 무엇인가를 잘한다고 생각했다가도 금방 좌절하게 됩니다. 한편 이상하기도 합니다. 왜 어떤 이들은 '좋아하는 것'보다 '잘하는 것'에 집중하라고 할까요?

저는 '잘하는 것'에 집중하라고 말하는 사람은 이미 놀라운 재능이 있는 사람일 거로 생각합니다. 가령, 축구선수가 그 말을 했다면 기본적으로 다른 사람보다 축구를 탁월하게 잘했을 것입니다. 명문대 수석을 한 사람이 그 말을 했다면 공부에서는 이미 떡잎부터 달랐을 가능성이 큽니다. 세상엔 그냥 타고난 소수의 천재가 있습니다. 계발하지 않아도, 혹은 조금만 다듬으면 퀀텀 점프할 만큼 잘하죠. 그 사람은 자신이 뭘 잘하는지를 정확히 알고 있고 다른 사람도 그 모습을 보면서 감탄합니다. 그야말로 압도적으로 잘하는 겁니다.

하지만 대부분 사람은 그런 재능을 타고나지 못합니다. 그리고 세상엔 눈부신 재능으로 해결되는 것도 있지만 갈고닦아야 빛날 수 있는 일들이 더 많습니다. 그러므로 잘하는 것을 추구하다 보면 혹독한 평가를 겪게 될 때 길을 잃기에 십상입니다. 내가 잘한다고 생각했던 것이 한없이 초라해집니다. '내 주제에 뭘 하겠어' 같은 부정적 메아리가 내면을 파고들며 자존감을 갉아먹습니다. 물론 세간의 평가가 잘못된 것일 수도 있습니다. 그러나 가혹한 평가를 받으면 포기하고 싶은 마음이 굴뚝같이 듭니다. 심지어 세간의 평가란 여간 특출나게 잘하지 않는 이상은 혹독하기 마련이지요.

천재를 따라잡는 단 하나의 비결

여기까지 읽다 보면 천재적 재능을 타고난 사람은 참 좋겠다는 생각이 드실 겁니다. 저는 지극히 평범한 사람이지만 운 좋게도 천재를 실제로 본 적이 여러 번 있습니다. 임상 현장에서 만난 적도 있고, 심지어 한 명은 고등학교 때 제 친구이기도 했습니다. 이들은 확실히 어딘가 좀 다르긴 합니다. 공부에서 천재인 사람을 보면 나는 아무리 학원에 다니고 열심히 복습해도 따라잡을 수 없을 것만 같은 벽이 느껴집니다. 타고난 축구선수를 보면 그가 드리블하는 모습만 봐도 도저히 나는 따라잡을 수 없겠다는 생각이 들겠지요.

20세기의 가장 위대한 천재 중 한 명으로 불리는 존 폰 노이만(1903~1957)은 일곱 살 때 여덟 자릿수 나눗셈을 했다고 합니다. 그리스와 라틴어, 역사학에도 조예가 깊었습니다. 노벨 물리학상을 받은 유진 위그너가 헝가리엔 왜 그렇게 천재가 많이 배출되느냐는 질문을 받고서 "폰 노이만만이 유일한 천재다"라고 답하기도 했다니, 정말 남다르죠?

하지만 제가 천재들을 가만히 지켜보면서 느낀 점은 그들 중 대부분은 자신의 천재성이 그리 큰 선물인지 모른다는 것입니다. 여기에 바로 천재들이 겪는 비극이 있습니다.

무엇인가를 엄청나게 잘하는데, 그게 타고난 기본 토대이다 보니 자신의 재능을 신기해하지도 않지요.

남들은 기어가고 있는데 혼자 뛰어갑니다. 거기서 꾸준히 걷기만 해도 대단한 존재가 될 텐데, 그들 중 상당수가 갑자기 주저앉아 버립니다. 미술적 재능이 넘치는 사람이 갑자기 글을 쓴다고 합니다. 저는 그 사람을 눈앞에서 보고 그 재능이 너무 아쉬워 몇 번이나 막아섰는지 모릅니다. 왜 그런 선택을 하는지 물어보니, 그 사람은 제게 미술에 흥미가 도통 안 생긴다고 말하는 것이 아니겠어요?

이런 경우가 생기는 까닭은 바로 '허무함'에 있습니다. 천재는 경쟁자가 없습니다. 그러다 보니 그 길을 혼자 뛰어가야 하고, 너무 빨리 뛰어가서 고지를 점령해 버리죠. 그러나 천재들 역시 신이 아닌 인간이기에 결국 좌절하는 순간이 옵니다. 주변 사람들이야 아득히 뛰어넘지만, 인간이기에 어쩔 수 없는 지독한 한계를 마주하게 되지요. 거기부터는 가파른 오르막길이 나타납니다. 이보다 더 잘할 수 있겠다는 느낌도 아득해집니다. 자신 주변엔 개미 한 마리도 안 보입니다. 거기서 그들은 지독한 외로움과 회의에 휩싸입니다.

저는 《토끼와 거북이》의 토끼가 게을러서 결승선 앞에서 늑장을 부렸다고 생각하지 않습니다. 자신만 빼고 온통 거북이뿐이라면 뭘 맛이 날까요? 게다가 동화처럼 한 번 정도는 거북이가 시합에서 이길 수도 있지만, 두 번째 시합부터는 어림도 없을 것입니다. 토끼가 설마 결승선을 코앞에 두고 잠드는 실수를 계속하겠어요?

하지만 놀랍게도 토끼처럼 천부적 재능을 지닌 많은 사람이 마지막 결승선을 앞둔 가파른 오르막길에서 좌절하여 발걸음을 멈춰버립니다. 그래서 우리 같은 거북이들에게도 기회가 옵니다. 삶은 단거리 경주가 아닙니다. 삶은 평생에 걸친 마라톤이어서 지금 무언가를 잘한다고 해도 계속 잘한다는 보장은 없습니다. 토끼는 또다시 방심할 수가 있고, 거북이처럼 뚝심 있는 상대는 결코 만만한 상대가 아닙니다. 우직하고 인내심 강한 거북이에게선 느리게 가더라도 멈추지는 않겠다는 각오가 엿보이죠.

성공을 이룬 순간에는 기쁨이 몰려옵니다. 그러나 그 순간에서 하루, 이틀, 한두 달만 지나면 그 기쁨은 온데간데없이 사라집니다. 천재들의 가장 큰 아킬레스건은 무언가를 할 때마다 너무 빨리 성공에 도달한다는 점입니다. 그만큼 싫증과 공허함도 상당합니다. 성장하는 과정, 그곳에서 머무는 기쁨과 만족감이 현저히 적기 때문입니다. 행복감의 큰 요소 중 하나가 바로 '성장하는 느낌' 입니다. 내가 조금씩 나아지고 있구나! 그래, 내일도 이만큼만 더 가보자! 일상에서 느끼는 이런 기쁨에는 자극을 넘어서는 깊은 맛이 있습니다.

그런 의미에서 많은 이들에게도 기회가 있습니다. 극히 평범해 보이는 거북이만이 가진 간절한 투지와 근성도 어느 면에서는 축복입니다. KTX처럼 빨리 달리는 천재는 주위 풍경을 둘러보기 힘듭니다. 그러나 평범한 이들은 대부분 조금씩 전진하므로, 좀 더 장기적인 토대에서 삶을 관조할 수 있습니다. 우리 재능이 다 드러나지 않았다는 점은 오히려 깊은 안도감을 줍니다. 왜냐하면, 우리 원석에 아직 손봐야 할 곳이 많다는 뜻이기 때문입니다. 그것은 절망적으로 느껴질 수도 있지만, 반대로 보면 앞으로도 성장할 가능성이 무궁무진하다는 의미입니다. 우리에겐 여전히 발굴하고 갈고 닦을 수 있는 재능이 있습니다.

힘들어도 절대 포기 못 하는 가치가 있나요?

물론 우리가 일상에서 만나는 '잘하는' 사람들이 다 천재는 아닙니다. 사람을 만나는 일이 직업인 저 역시도 천재를 만나는 경우는 매우 드무니까요. 그럼 잘하는 사람이 이렇게나 많은 이유가 뭘까요? 사실 그들도 보이지 않는 곳에서 엄청나게 노력하기 때문입니다. 호수에 유유히 떠다니는 것처럼 보이는 오리도 물밑에서는 발을 세차게 굴리고 있습니다. 그처럼 잘하는 사람들 대부분은 그만큼의 노력을 했기에 그 자리에 다다른 것입니다.

바로 이 점이 잘하는 것을 먼저 시도하면 좋지 않은 이유입니다. 내가 잘하는 것이란 남들에 비교해 초라해 보입니다. 내가 가진 재능은 아름답고 위대한 보석이기보다는 투박한 돌덩이처럼 보입니다. 어떤 사람이 멋진 춤을 출 때, 우리는 잘한다고만 감탄하며 어떻게 저렇게 잘할까 하는 부러움에 휩싸입니다. 그리고 그 사람과 나를 비교하면서 초라해집니다. 하지만 그 화려함에 취하면 취할수록 그 사람 역시 아무도 없는 연습실에서 수백, 수천 시간 동안 노력했다는 사실을 망각하기 쉽습니다. 그래서 조급함에 젖어 그 사람이 한 노력과 과정을 거치지 않고 갑작스럽게 그 사람처럼 되기 위한 지름길을 찾으려고 합니다.

누군가는 "이렇게만 하면 된다"라며 지름길이 있다고 유혹합니다. 그러나 삶은 그렇게 만만하지 않습니다. 제가 임상가로서 확실히 아는 점이 있다면, 삶에서 작은 변화를 만드는 일조차 그리 쉽지가 않다는 사실입니다. 많이들 잘 타고 다니는 자전거도, 막상 처음 타보면 어떻게 두 바퀴 위에서 균형을 잡을 수 있을지 상상이 안 갑니다. 오랜 시간 안장에 앉아보고 넘어져 보고 다시 일어나 봐야 비로소 자전거를 잘 탈 수 있습니다. 변화는 답답할 정도로 느리고 점진적입니다. 무엇을 잘하려면 그만한 대가를 치러야 한다는 것이 삶의 진리입니다.

따라서 당신이 무언가를 성취하려면 시간이 필요합니다. 씨앗을 심었다면 다 자랄 시간을 줘야 합니다. 능력을 갈고 닦으며 무수한 세월을 견디고 싸워야 합니다. 그것이 삶의 과정입니다.

우리는 어떻게 그 오랜 시간을 버틸 수 있을까요? 누군가는 단번에 뛰어오르는 바로 그 지점을 나는 천천히 걷고 있을 때 그 답답함을 어떻게 견딜까요? 광석을 발굴하여 가치 있는 금으로 만들려면 수없이 많은 제련 과정을 거쳐야 합니다. 그 과정에서 무수한 회의가 밀려옵니다. 이것이 금이 맞나? 금이 맞다 하더라도 순도가 떨어져 보이는 이 돌을 깎고 제련할 필요가 있을까? 이는 지독히도 괴로운 일입니다. 그렇지 않아도 견디기 어려운 이 시간 동안, 누군가의 평가에만 의존하며 그 작업을 한다면 어떻게 평정심을 유지할 수 있을까요? 외부 평가에 의존한 채 한평생 살아야 한다면 과업은 위태로워집니다.

그럼 우리는 정말 무언가 잘하려고 할 때 겪는, 이 뼈를 깎는 듯한 고통을 어떻게 견딜까요? 우리가 그 고통을 견디는 이유는 돌덩이 안에 진귀한 것이 있음을 믿기 때문입니다. 고통을 겪으면서도 포기하지 못하는 것이 있다면, 그것이야말로 우리 삶의 정수입니다. 자신에게 다음의 질문을 한번 해보시기 바랍니다.

"당신이 그렇게 힘든데도 불구하고
절대 포기하지 못하는 가치가 있다면 무엇인가요?"

이 질문에 반복해서 대답하다 보면 한 가지 떠오르는 가치가 있을 것입니다. 그 가치란 대단한 것이라기보다는 본래 당신이 간절히 꿈꾸던 것입니다. 꿈을 꾸는 이유는 내가 그것을 무척 그리워하고 좋아하기 때문입니다. 그것이 사람이든, 성취이든, 어떤 세계이든 간에 당신이 그것을 사랑하기 때문에 버티고 열망하는 것이죠. 가슴이 뛰기 때문에 포기할 수 없는 것입니다.

바로 여기에서 나침반의 두 번째 기둥인 '좋아하는 것'이 등장합니다. 그 어떤 고통과 억압도 내가 간절히 좋아하는 일을 포기하게 만들 수는 없습니다.

의무 '때문에'가 아니라 목표를 '향하여'

저는 캐나다에서 가구 디자이너로 일하는 C를 만난 적이 있습니다. 저의 친한 후배와 결혼하기 위해 한국에 들어왔을 때, 저와 만났지요. C를 만난 지 한 시간 남짓 되었을까, 저는 C가 정말로 멋진 사람이라고 생각하게 되었습니다. 가장 인상 깊었던 건 C의 눈빛입니다. 벌써 수년 전의 이야기지만 저는 그 사람의 강렬한 눈빛을 잊을 수가 없습니다.

저는 C에게 한국 사람인데 젊은 나이에 캐나다까지 간

이유가 무엇인지를 물어보았습니다. 대답이 걸작이었습니다. 자신은 가구 만드는 걸 참 좋아하는데, 캐나다야말로 자신이 원하는 목재가 세계에서 가장 풍부한 나라여서 갔다는 겁니다. 저는 이민을 간 다른 사람에게도 이와 비슷한 질문을 한 적이 여러 번 있습니다. 그때마다 대답은 천편일률적이었습니다. 경쟁이 심한 우리나라를 떠나고 싶었기 때문에, 가족 때문에, 학업 때문에, 사업 때문에… 이렇게 '때문에'라는 말이 반복됩니다. 그러나 C의 말은 뭔가가 달랐습니다. '때문에'가 아닌 '향하여'라는 말을 썼습니다. 목재가 가득한 곳을 향해 떠났다니 얼마나 낭만적인가요?

똑같이 뭔가를 하더라도 '무엇 때문에' 시작하는 것과 '무엇인가를 향해' 시작하는 건 큰 차이가 있습니다. '때문에'는 의무나 역할을 뜻하는 경우가 대부분입니다. 직장인들에게 왜 직장을 다니는지 물어보면 '돈 때문에' 다닌다는 답이 많습니다. "직장을 관두려고만 하면 월급이 들어오네요"라고 농담하는 이도 있습니다. 그러다 보니 자연스레 수동적인 자세가 되지요. 반면에 '향해'라는 표현은 열망과 목표를 지니고 있습니다. 제가 왜 C를 특별한 사람이라고 생각했는지 이해가 되나요? C는 캐나다에 간 이유에 이어 자신이 무엇을 꿈꾸는지를 이야기하기 시작했습니다. 꿈이 있는 사람의 말은 매혹적입니다. 저는 그 이야기에 정신없이 빠져들었습니다.

한참 캐나다의 나무에 관해 이야기할 즈음, C는 갑자기 말을 멈추고 잠시 생각에 잠겼습니다. 그 잠깐의 침묵에 관해 아무 설명도 없었지만 저는 C가 무슨 생각을 하는지 느낄 수 있었습니다. 같이 상상하고 있었기 때문이죠. 설원에 빽빽이 자리 잡은 나무들의 풍경을요. 침묵 속에서 상상이 커지다 못해 어느새 캐나다는 분명 아름다운 나라라는 확신에 다다를 정도였으니까요. C는 무엇인가에 깊이 몰입할 수 있는 사람이었습니다. 현실을 살면서도 꿈을 꾸는 사람이었습니다.

창조성을 발휘할 나만의 장소를 만들자

운명 같은 꿈을 따라 타국으로 삶의 보금자리를 옮겼지만, C가 캐나다에 가자마자 꿈을 바로 성취한 건 아닙니다. 오히려 무수한 현실적 난관이 있었습니다. 그곳에서도 직업을 가지고 경쟁을 해야 했지요. 직장인이 보통 그렇듯 C 역시 자신이 만들고 싶은 가구를 만드는 게 아니라 고객이 원하는 가구를 만들어야 했습니다. 그리고 대체로 대량 생산으로 이루어지므로 반복적 작업을 해야 합니다. 특히 목재는 상당히 비싼 제품이라 습작 노트처럼 이것저것 시도해 보기 어렵죠.

이 사실은 C의 예술성에 엄청난 제약을 줍니다. 나무가 좋아 캐나다까지 갔지만, 그곳 역시 재료는 비쌌죠. 디자이너라고 자칭하지만, 누군가 만들라고 하는 똑같은 기성품을 만들어야 하는 회의가 뒤따릅니다. 특히 아직 사회 초년생이고 뽐낼 만한 커리어가 쌓인 게 아니니 더욱 그러하죠. 이렇듯 C가 지금 하는 일은 높은 창조성이 필요하지 않습니다. 그러나 C는 그 일을 정말 열심히 한다고 했습니다. 심지어 더 잘 해보려고, 조금이라도 여유가 있으면 계속 배우려 한다고요. C가 그렇게 할 수 있는 이유는 무엇일까요? 도대체 어디서 그런 동기가 생기는 걸까요?

C가 활기를 잃지 않은 비결은 집 안에 있었습니다. 저녁을 먹고 휴식을 좀 취하고 나면 C는 지하에 갖춰놓은 자신만의 작업실로 내려갑니다. 그곳엔 여러 목재가 가득합니다. C는 그곳에서 작은 가구들을 만들기 시작합니다. 그 일은 누군가에게 물건을 납품하기 위해 하는 작업이 아닙니다. C가 정말로 만들고 싶은 것을 만드는 시간이죠. 그래서 사람이 쓸 만한 크기로 만들지도 않습니다. 작게 만들면 돈이 절약

되거든요. 여러 작품을 마음껏 만들어 볼 수도 있죠. 나중에 진짜 작품을 만들고 싶어질 때, 크기를 키우기만 하면 멋진 가구가 완성될 테고요. 그곳이야말로 C가 꿈을 꾸는 자리, C의 창조성이 꽃피는 자리입니다. C는 그곳을 정말 사랑한다고 말했습니다.

어느 날이었습니다. C는 가구를 만드는 데 매진하고 있었습니다. 추운 겨울이었고 난방도 잘 안 되었는데도 언제부턴가 등과 얼굴에 땀이 가득했다고 합니다. 저녁을 먹고 다시 작업실에 내려가 만들고 있던 가구 작업에 열중했습니다. 그러다 보니 밤이 깊어졌습니다. 고개를 들어 창문을 보니 눈보라가 휘날리고, 달빛이 창문에 비치고 있었습니다. 새벽이었습니다. 캄캄한 새벽, 남들이 모두 잠든 시간까지 C는 무엇인가에 깊이 열중하고 있었던 것입니다. 자기도 모르는 새 몇 시간을 몰입하고 있었던 거죠. 저는 그 이야기를 들려줄 때 C의 눈빛과 태도를 잊지 못합니다. C는 진정으로 자신이 무엇을 좋아하는지, 무엇이 자신에게 가치가 있는지를 알고 있었습니다.

좋아하는 것에 빠지면 진짜 성공을 담보할 수 있느냐고 물어보는 사람도 있습니다. 무엇인가에 깊이 빠져 있는 사람을 이기기란 쉽지 않습니다. 당신이 그런 사람이라면 분야가 무엇이든 성공할 확률이 높습니다. 그러나 좋아하는 것을 하는 본질적 이유는 성공하기 위해서가 아닙니다. 행복의 중요한 변인 중 하나인 '즐거움'이 그 이유입니다. 무엇인가에 몰입하고 그 안에서 희열을 느끼는 사람만큼 행복한 사람이 있을까요? 시간에 기대어 밤늦게까지 무엇인가를 만드는 이 가구 디자이너의 모습에서 저는 앞으로 우뚝 성장할 작은 거인을 목격했습니다.

"당신의 삶은 행복한가요?"
"당신은 일상에서 즐거움을 얼마나 느끼고 있나요?"
"당신은 무엇을 사랑하나요?"

'좋아하는 것'을 받치는 흥미의 네 가지 기둥

앞에서 말했듯 저는 '좋아하는 것'과 '잘하는 것' 중 '좋아하는 것'을 먼저 해보길 권합니다. 그런데 문제가 하나 있습니다. 당신이 좋아하는 것이 무엇인지를 찾는 게 쉬운 일처럼 보이지만, 막상 시작하려면 막연한 것도 사실입니다. 저는 이 장에서 좋아하는 것을 찾는 연습을 해보려고 합니다. 어디서부터 출발하면 좋을까요?

좋아하는 것을 가리켜 일반적으로 '흥미'라고도 부릅니다. 그리고 이 흥미는 크게 네 가지 특징을 가지고 있죠. 마치 바퀴가 네 개인 자동차처럼요. 태엽을 감아 작동하는 장난감 차를 한번 상상해 볼까요? 바퀴가 한 개 혹은 두 개인 장난감 자동차는 아마 바닥에 두면 그 자리에 멈추겠지요. 바퀴가 세 개라면 어떨까요. 작동하기야 하겠지만, 원을 그리며 같은 자리를 맴돌 겁니다. 이렇듯 굴러가는 자동차가 되기 위해서는 바퀴가 네 개 있어야 합니다. 이는 자동차가 자신의 길을 가기 위한 조건이죠.

흥미를 자동차에 비유한다면 네 개의 바퀴는 바로 다음과 같습니다.

+ 지속적 관심
+ 좋아하는 느낌
+ 끌리는 방향성
+ 행동

이제부터 당신이 좋아하는 것을 좀 더 탐색할 수 있도록 이 네 가지 요소에 관해 이야기해 보려고 합니다. 당신은 이 글을 읽으면서 한두 가지만이 아니라 네 가지 특징 모두를 띠는 영역이 무엇인지를 한번 생각해 보시기 바랍니다. 네 가지 특징을 모두 보인다면 그 영역을 좋아할 확률이 현저히 높을 테니까요.

① 지속적 관심

첫 번째는 '지속적 관심'입니다. 우리가 어떤 것에 지속해서 관심이 있다면 그것은 '흥미의 본질'에 가깝습니다. 관심의 대상은 여러 가지가 있지만, 그중 지속해서 우리 시선을 끄는 건 상당히 적습니다. 당신이 자꾸 귀 기울이고 보려는 것이 무엇인지 한번 주목해 보시기 바랍니다. 심지어 그 대상을 10년 또는 20년 넘게 주목하고 있다면, 왜 그 일에 그렇게 관심이 있는지 생각해 볼 법합니다.

혹시 그것이 인생의 어떤 방향, 즉 진로라면 자신이 그 길을 가는 데 필요한 것은 무엇인지 반문해 보시기 바랍니다. 당신이 아주 오랫동안 관심을 둔 이유는 바로 그 길이 가야 할 길이기 때문일 수도 있습니다.

② 좋아하는 느낌

두 번째는 '좋아하는 느낌'입니다. 당신의 첫사랑을 떠올려 보시겠어요? 그 시절로 돌아가 그 사람을 왜 그렇게 좋아했을지 스스로 반문해 본다면 당신은 여러 이유를 말할 거예요. 그러나 사랑이 식어버리면 어떻게 될까요? 똑같은 행동을 봐도 예전과 달리 싫게 느껴집니다.

예컨대 처음엔 다른 사람의 말을 잘 들어주는 그 사람의 상냥한 모습에 반했다고 해봅시다. 그런데 연애를 시작한 지 1년이 지나자 그 사람의 그런 모습이 답답해 숨이 막힙니다. 이전엔 여유로워 보여서 좋았는데, 지금 보니 게으름뱅이가 따로 없습니다. 싫어하는 데엔 사실 이유가 없습니다. 싫어지니 싫은 요소가 더 부각되는 것일 뿐이죠. 반대로 좋아하는 것 역시 사실 이유가 없습니다. 좋아하는 느낌이 드니 뭐든지 좋아 보이는 겁니다. 즉 '좋아한다'는 건 합리적 설명보다는 감정에 가깝습니다.

당신은 휴가 때 갔던 기억나는 카페가 있나요? 편안하고 참 좋았던 곳이 있었나요? 만약 그런 장소가 있다면 그 카페 안에서도 가장 좋았던 순간을 그려보시기 바랍니다. 그리고 그 장소를 천천히 떠올려 보세요. 커피 냄새, 자연 풍경, 안락한 소파, 편안한 음악… 그 무엇이든 말이에요. 그 공간이 충분히 그려진다면 그곳에 앉아서 무엇을 하고 싶은지, 누구를 만나고 싶은지도 떠올려 봅시다. 그곳이 왜 좋았는지를 다시 한번 생각해 봅시다. 어떤 소중한 기억이 담겨 있는지, 그 기억이 어떤 의미인지를 질문해 볼 수 있겠죠. 그곳이 좋은 모든 이유는 논리적 설명이라기보다는 감정의 종합에 가깝습니다. 즉 좋아하는 느낌이란 본질상 사고가 아닌 감정입니다.

위에서 말했듯 무엇인가에 잠시 흥미를 갖는 것과 아주 오랜 기간 관심을 두는 것은 매우 다릅니다. 만약 그 대상이 사람이라면, 전자는 잠시 설레는 감정이 느껴진 사람이고 후자는 그 설렘의 느낌이 지속되는 사람입니다. 그런 사람을 만나면 여러분은 왜 그 감정이 지속되는지를 깊이 탐색해 볼 수 있겠죠. 보통 연인의 만남이 이렇게 시작됩니다.

흥미 찾기도 이와 마찬가지입니다. 자신이 좋아하는 느낌이 드는 장소에 자주 가보고, 좋아하는 느낌이 드는 사람이나 사물과 자주 마주치는 것도 좋은 탐색 방법입니다. 심지어 우리가 첫 번째로 이야기했던 '지속적인 관심'이 있는데, '좋아하는 느낌'도 있다면 좀 더 흥미에 가까워지겠죠.

자신이 어떤 것을 좋아하는지 아닌지를 판별할 수 있는 신호가 또 하나 있습니다. 물건이든 음식이든 사람이든 간에, 여러분은 좋아하는 대상을 볼 때 공통으로 '환한 표정'을 지을 것입니다. 그 표정이 바로 당신이 무엇인가를 좋아한다는 신호입니다.

예를 들면 당신은 진짜 좋아하는 원피스를 발견했을 때, 분명 환하게 웃을 거예요. 만약 마르게리타 피자를 상상만 해도 좋다면, 그 메뉴가 나올 때 얼굴이 환해질 겁니다. 정말 만나고 싶었던 친구를 만날 때, 나도 모르게 눈 주위의 근육을 수축하며 미소를 짓겠지요. 환한 표정은 그 순간 마주하는 대상을 좋아한다는 신호입니다. 그래서 저는 그 사람이 얼마나 행복한지를 그 사람의 표정에서 찾습니다. 무엇에 관심이 있는지 물어보기도 합니다. 그는 자신의 얼굴을 볼 수 없지만 저는 그 사람의 표정이 바뀌는 걸 볼 수 있습니다. 그 사람이 정말 좋아하는 것에 관하여 말할 때는 표정이 밝아집니다.

저는 사람들이 좋아하는 것을 발견한 후엔 그 사람에게 그 일을 평소 얼마나 하는지도 물어보곤 합니다. 당신은 행복한가요? 그렇다면 좋아하는 것을 일상에서 많이 경험하고 있을 가능성이 큽니다. 행복은 좋아하는 느낌을 경험할 때 생겨나는 것이니까요. 이런 감정을 많이 느끼려면 스스로 행복할 수 있는 일상을 많이 만들어야 하죠. 이 단순하지만 강력한 방법에 따라 저는 사람들에게 행복감을 올리는 활동을 일상 곳곳에 배치하기를 제안합니다. 만약 당신이 요즘 행복감이 많이 떨어진다면 좀 더 행복한 것들을 경험해 볼 필요가 있습니다. 그 방법을 찾는 단서가 바로 여러분이 '좋아하는 느낌'입니다.

③ 끌리는 방향성

세 번째는 나도 모르게 '끌리는 방향성'입니다. 한 유명한 과자 CM송에는 "손이 가요. 손이 가"라는 노래 가사가 나옵니다. 그 광고에서 홍보하는 과자에 나도 모르게 손이 이끌리는 모습을 묘사한 가사죠. 이처럼 앞서 이야기한 '지속적 관심'과 '좋아하는 느낌'이 있다면 우리의 발걸음은 저절로 그곳을 향할 것입니다. 좋아한다는 것은 마치 자석의 끌어당김과 같습니다. 나만 그것을 추구하는 것이 아니라 그것 역시 나를 잡아당기죠. 어디에 있더라도 당신은 그것을 찾아냅니다. 관심을 두고 좋아하는 것엔 자연스럽게 끌리니까요.

제 경우를 이야기해 볼까요? 앞에서 저는 스스로 요리를 잘한다고 생각한 적이 있다고 말씀드렸습니다. 하지만 꼭 그런 건 아니라는 걸 알고 낙담한 이후 요리를 향한 관심이 조금 줄어들었지요. 반면 줄지 않은 관심이 하나 있습니다. 바로 음식을 향한 마음입니다. 요리에 대한 열정은 조금 식었지만, 여전히 음식은 좋아합니다.

음식을 좋아하지 않는 사람이 어디 있겠냐마는 저의 음식 사랑은 좀 남다릅니다. 어느 날 우연히 대구에 있는 떡볶이 맛집을 영상에서 본 적이 있어요. 방문 후기를 찾아보니 현지인들이 자주 가는 이 식당 떡볶이에선 어디에서도 맛볼 수 없는 특이한 맛이 있다고 하더군요. 떡볶이는 수많은 음식 가운데 제가 매우 좋아하는 메뉴 중 하나입니다. 그러니 제가 어땠겠어요. 그 맛에 대해 여러모로 찾아보니 가고 싶다는 마음이 굴뚝같아졌습니다.

일주일 뒤 저는 어떻게든 짬을 내서 서울에서 대구까지, 그것도 무려 차를 몰고 그 식당으로 향했습니다. 저는 사실 차를 타고 멀리 가는 걸 좋아하지 않습니다. 무슨 연고가 있는 것도 아닌데 거기까지 내려간 동력이 무엇일까요? 저는 그 집이 저를 불렀다고 생각합니다. 이제부터는 꼭 돈을 아끼겠다고 다짐하고도 길을 가다가 베이커리 카페의 향에 이끌려 자신도 모르게 들어가는 것처럼 말이죠. 아무리 높은 의지로도 흥미를 언제까지나 억누를 수는 없습니다. 누르면 누를수록 그것은 하나의 방향성을 향해 일순간에 터져 결국 그곳을 향합니다.

이처럼 방향성은 대단한 철학이라기보다는 우리 생활 곳곳에 숨은 일상적인 것들입니다. 예컨대, 당신이 십수 년 동안 코인 노래방만 보면 끌린 듯 들어간다면 여기에도 의미가 숨어 있을 수 있습니다. 당신은 왜 노래방만 보면 끌리나요? 그저 스트레스를 풀러 잠시 들를 뿐이라고요? 내가 그것에 끌리는 이유가 일시적인 게 아니라 첫 번째인 '지속적 관심'과 두 번째인 '좋아하는 느낌'에 기반하고 있다면, 그렇지 않을 가능성이 큽니다. 거기엔 뭔가 특별한 점이 있습니다.

어떤 이는 이렇게 생각할지도 모릅니다. '가수가 될 것도 아닌데, 내가 아무리 좋아한다고 해도 노래방 가는 데 무슨 대단한 의미가 있담?' 그러나 노래방을 좋아한다는 것이 꼭 가수가 되고 싶어한다는 의미는 아닙니다. 가사를 전달할 때의 느낌, 나만의 방에 들어갈 때 생기는 안전감, 노래방에 얽힌 소중한 기억, 함께 노래하고 싶은 사람 등 노래방과 관련된 생각을 꼬리에 꼬리를 물도록 떠올려 보세요. 그 속에 당신이 깨닫지 못했던 전혀 새로운 흥미가 숨어 있을 수도 있습니다. 어쩌면 노래방이란 당신이 갈구하는 무대의 상징일 수도 있지요. 세상에 당신만의 무대가 펼쳐진다면 무엇을 해보고 싶나요? 그 일은 당신에게 어떤 의미가 있나요? 이렇게 생각을 확장해 보는 것도 좋습니다. 무엇이든 나를 끌어당기는 마력이 있다면 바로 거기에 당신의 열망이 존재합니다.

한 가지 더 예를 들어볼까요? 어린 시절부터 영화를 좋아했던 한 사람이 있다고 생각해 봅시다. 이 사람은 자신이 영화배우가 될 외모도 아니고 지금 나이에 연기학원에 다닐 수도 없다며, 영화에 관한 관심을 별것 아니라 여깁니다. 그러나 여기서도 '영화'란 하나의 상징일 가능성이 큽니다. 영화라는 이끌림에 담긴 여러 맥락을 깊게 숙고하는 것이 흥미를 찾아내는 핵심 과정입니다. 저는 이 상징을 해석하는 작업을 많은 내담자와 해오고 있는데, 정말 깜짝 놀랄만한 새로운 흥미의 영역을 발견하곤 합니다.

하지만 만일, 꼭 영화라는 분야에서 일하고 싶다는 사실을 깨달았다면 어떡해야 할까요? 배우가 되기엔 너무 늦었으니 원하는 직업을 갖기란 영영 불가능한 일일까요? 배우라는 직업에도 다양한 색깔이 있습니다. 주연보다 눈부시게 활약하며 고유한 개성을 자랑하는 조연 배우도 많지요. 저는 뒤늦게 연기에 뛰어들어 지금도 멋지게 활약 중인 조연 배우도 알고 있습니다. 게다가 영화와 관련된 직업엔 배우만 있는 것도 아니죠. 감독과 시나리오 작가도 배우 못지않게 중요한 역할입니다. 그뿐인가요? 촬영하는 사람, 미술과 분장을 담당하는 사람, 음악을 만드는 사람, 편집하는 사람… 카메라 뒤에는 영화와 관련된 수백 명의 사람이 숨어 있습니다. 영화를 기획하고 홍보하는 사업가, 제작자, 마케터도 있습니다. 그러므로 늦은 나이에 영화계에서 일하고 싶어졌다고 한숨을 쉴 필요는 전혀 없지 않을까요?

답을 빨리 찾아내는 게 능사는 아닙니다. 오히려 깊이 숙고하는 과정에서 새로운 기억과 경험을 마주하고, 내가 진정 원하는 것이 무엇인지 발견할 수 있죠. 다음 장에서 저는 그러한 내면을 깊이 탐색하는 일곱 가지 질문으로 당신을 초대하려고 합니다. 지금은 우선 흥미에 관한 이야기를 좀 더 해보도록 하겠습니다.

④ 행동

마지막은 '행동'입니다. 당신이 무언가를 정말 좋아한다면 그 일을 실제로 하고 있거나, 혹은 못 한다 하더라도 다른 것으로 대리만족이라도 하고 있을 것입니다. 마음은 결국 눈에 보이는 행동으로 나타나니까요.

'좋아하는 느낌'을 설명할 때 첫사랑 예시를 들었는데, 그 이야기를 다시 이어나가 보지요. 당신 곁에 사랑하는 사람이 있다고 가정해 보겠습니다. 당신이 정말로 그 사람을 사랑한다면 어떻게 행동할까요? 약속에 늦지 않을뿐더러 연락도 자주 하고, 친밀하고 로맨틱한 행동을 하겠지요. 이 모든 행동이 자연스럽게 이뤄지는 이유는 당신이 그 사람을 사랑하기 때문입니다.

반대로 당신이 어떤 사람과 만날 때 항상 약속에 늦는다면 그건 무엇을 의미할까요? 심지어 연락해도 잘 받지 않고, 자꾸 단답식으로 대답하게 됩니다. 그 사람을 만나는 일이 더는 설레지도 않고요. 이런 상황이 반복되고 있다면 당신의 사랑은 차디차게 식었을 가능성이 크죠. 이처럼 행동을 보면 마음을 알 수 있습니다. 행동이 있는 마음은 살아 있는 것이고 반대로 행동이 없는 마음은 죽은 것입니다.

지금까지 이야기를 정리해 보겠습니다. 우리는 관심이 있고 좋아하는 것에 끌리게 마련이며, 그에 따라 무엇인가 행동합니다. 그런데 그 반대 경우도 상당합니다. 여러 활동을 경험하다 보면 나도 몰랐던 관심이 생기는 분야가 있습니다. 사랑하기 때문에 심장이 뛰기도 하지만, 심장이 뛰는 것을 찾으면 그것을 사랑하게 되기도 합니다. 그렇게 삶은 좀 더 풍성해집니다.

지속적 관심, 좋아하는 느낌, 끌리는 방향성, 행동. 이 총합이 바로 당신이 무엇을 그토록 좋아하는지를 판별할 수 있는 네 가지 기둥입니다. 즉, 계속 관심이 쏠리고, 좋아하는 마음을 느끼고, 늘 마력처럼 끌리고 그래서 어떤 형태로든 움직이게 만드는 활동. 마치 첫사랑과 같은 설렘과 열정으로, 그것과 함께 있으면 자신이 마치 새롭게 존재하는 듯한 느낌. 그 모든 것이 모인 곳에 당신이 진정으로 좋아하고 원하는 일이 있습니다.

내 삶을 스스로 결정할 결심

저는 한 대학에서 공학을 전공하는 D를 만난 적이 있습니다. D는 심각한 게임중독에 빠져 있었고 그 때문에 부모님께 이끌려 억지로 상담에 왔습니다. D는 침울해 보였습니다. 제 눈도 마주치지 않았고 무슨 말을 해도 대답이 없었습니다. 저는 D의 마음속에 들어가기 위해 노력했고, 여러 시도 끝에 D는 마음이 조금은 열렸는지 자신의 고민을 이야기하기 시작했습니다.

D는 고등학교 때까지는 성적이 아주 우수했습니다. 그래서 명문대학에 입학했고요. 그런데 실제로 학교에 와 보니 기대와 다르게 너무나 재미가 없었다고 합니다. 고등학교 때도 하기 싫은 공부 때문에 진저리를 쳤지만, 그래도 좋은 대학만 가면 된다길래 억지로 버텼습니다. 그런데 대학에 입학하고 나니 그곳은 천국이 아니라 또 다른 가파른 등산길이

었죠. D는 그 길을 전혀 원하지 않았습니다. 죄다 영어에다 수학 공식으로 적힌 전공서는 마치 외계어 같았습니다. D가 제일 싫어하는 것이 사실 수학이었는데, 어쩌다 보니 수시로 수학을 사용해야만 하는 공학 전공에 덜컥 들어오고 만 것입니다.

D의 삶에 혼돈이 찾아오기 시작했습니다. 누구보다 성실히 살았건만, 대학에 들어오자마자 가장 게으른 사람이 되었습니다. 건성건성 학교에 다니다가 군대를 다녀왔습니다. 제대하고 나서는 그나마 있었던 동기들이 입대하거나 이중 전공 수료, 스펙 쌓기, 자격증 준비 등으로 뿔뿔이 흩어지면서 완전히 외톨이가 되었습니다. 고등학교 때까지 그렇게 공부를 열심히 했던 D는 왜 갑자기 모든 것을 놔버린 걸까요?

부모 말을 잘 따르면 모든 게 잘 될까?

저는 D에게 왜 그 전공을 선택했는지를 고민해 보자고 했습니다. 그런데 D는 공학을 전공할 생각이 단 1퍼센트도 없었다고 대답했습니다. 실은 원래 부모님의 기대에 따라 의대를 가려고 했지만, 그 성적까지는 안 되어서 점수에 맞춰 공학 전공을 선택했을 뿐이라는 거죠. 그래서 D에게 고등학교 3학년으로 되돌아간다면 어떤 전공을 선택하고 싶은지를 물어보니, 무미건조한 표정으로 모르겠다는 말만 반복했습니다. 이처럼 어떤 전공이, 직업이, 삶이 만족스럽지 않은 사람에게 좋아하는 전공, 직업, 삶을 물어보면 모르겠다고 말하는 경우가 허다합니다. 저에 대한 저항이라기보다는 정말 모르는 경우가 많습니다.

왜 그럴까요? 어린 시절부터 성실하게만 살고 주체성을 갖지는 못했기 때문이죠. D는 실제로 어린 시절부터 중요한 선택을 할 때마다 부모님의 뜻에 따랐습니다. 공학 전공 선택도 부모님이 해주었죠. "여기가 그래도 네 성적으로 갈 수 있는 가장 유망한 학과야!" 부모님이 그렇게 말했기 때문에 별생각 없이 그곳에 지원한 것입니다. 무엇을 전공한다는 것은 그 일을 하면서 평생을 살겠다는 뜻인데, 우리나라에서는 D와 같은 경우가 비일비재합니다. 전공은 아무리 그 영향력이 축소되었다고 하더라도 여전히 인생에 큰 영향을 미칩니다. 이렇게 누군가가 대신 정해줘서 들어온 전공에 전혀 문제를 못 느낀다면, 그게 더 문제일 것입니다. 저는 D의 모든 방황이 이해가 되었습니다.

한때는 그 역시 공학에 집중해 보려고 애썼습니다. 그런데 도저히 집중할 수가 없었습니다. 이 길은 아닌 것 같다는 느낌이 계속 들었습니다. 게다가 이전 수업을 못 따라가니 고급 강의는 더 따라가기가 힘들어졌습니다. 어느새 D는 대학 3학년이 되었습니다. 그리고 외톨이처럼 학교를 혼자 다니며, 다 관두고 싶다고만 합니다. 저와 만날 때마다 무미건조한 표정으로 로봇처럼 이야기할 뿐이었습니다.

취미 뒤에 숨은 역량 발견하기

D는 한 가지 이야기를 할 때만은 얼굴이 환해졌습니다. 바로 게임 이야기였습니다. 아까 '좋아하는 느낌'의 요소 중 하나가 바로 환해지는 표정이라고 했죠. 아직 20대 초반밖에 안 된, 앞길이 창창한 D의 마음은 이미 절망으로 뒤덮여 있었습니다. 침울한 D에게 게임은 어쩌면 유일한 희망이었습니다. 사방이 온통 어두울 때 작은 등불이 더 눈에 잘 띄기 마련이죠. 저는 D의 삶에 작은 등불이 되어준 게임에 대해 좀 더 깊이 있는 대화를 나눠보려고 작정했습니다.

상대는 관심이 있는데 나는 관심이 없다면 대화가 잘 안 되겠지요. 그래서 저는 D가 하는 게임과 비슷한 게임을 해보기도 하고 게임 용어를 공부하기도 했습니다. 그에게 게임에서의 역할과 캐릭터들, 배경 설정에 관해서도 물어봤습니다. D는 조금씩 입을 열었고 심지어 게임 세계관을 설명하다가 생글생글 웃기도 했습니다. 저는 D의 게임 속 커뮤니티의 인간관계도 탐색해 보았습니다. D는 학교에서는 외톨이었지만 게임에서는 아니었습니다. 그 안에서 어울리는 좋은 사람들이 있었습니다. 게임이 희망이 될 수밖에 없던 이유가 또 하나 있었던 거죠.

저는 D가 게임 안에서 가장 좋아하는 게 무엇인지도 함께 이야기해 보았습니다. D가 주로 하는 게임은 여러 사람과 함께 팀을 이뤄 상대 팀과 겨루는 종류였습니다. 마치 농구처럼요. 그리고 D의 캐릭터는 앞에서 싸운다기보단 뒤에서 다른 팀원을 돕는 역할을 하고 있었습니다. 또한, D가 게임에서 가장 재밌어하는 포인트는 사실 게임 중이 아니라 게임 전과 후라는 사실도 알았습니다. D는 게임을 직접 하는 것 이외에도 게임에 관련된 유튜브나 블로그, 각종 커뮤니티, 심지어 관련 책도 보았습니다. 뛰어난 전략을 짜기 위해서였죠. D는 게임 플레이어라기보다는 감독 같은 사람이었습니다. 적진에 돌진해서 싸우는 영웅보다는 뒤에서 판을 그려내는 전략가의 면모가 강했던 겁니다.

D는 거시적인 안목도 있었고 세부 전략을 짜는 데도 능했습니다. D는 무대 위에 올라가 싸우기보다 무대 뒤에서

전체적 그림을 그려나가며 여러 사람을 돕는 역할을 자처했습니다. 함께 게임을 하는 많은 이들이 D를 좋아했습니다. 팀의 협력을 끌어내고 프로젝트를 성공적으로 수행할 수 있는 역량이 있었거든요. 저는 D에게 그러한 강점이 있다는 사실을 말해주기도 했습니다.

저는 이야기 끝에 D에게 게임 외에도 이렇게 흥미가 가득한 일이 있었는지를 물었습니다. D는 처음엔 잘 모르겠다고 하다가 서서히 중학교 1학년 때 친구들과 방송 동아리를 했던 기억을 떠올리기 시작했습니다. 방송 동아리에서 다큐멘터리, 뉴스, 재미있는 콩트 등을 제작하는 PD 역할을 했다는데, 그 이야기를 할 때도 환한 표정은 그대로였습니다.

D는 그 동아리에서도 제작하고 기획하고 협력하며 무엇인가를 만들어 나가는 사람이었습니다. 게임에서 시작한 이야기가 꼬리에 꼬리를 물어서, 우리는 그 방송 동아리와 연관된 다양한 일화와 주제도 이야기했습니다. 기획, 제작, 시나리오, 섭외, 피드백 등 방송과 관련한 이모저모를 말이죠. 이야기를 나누다가 D는 갑자기 방송계에서 PD로 일해보고 싶다는 마음이 강하게 들기 시작했습니다. 그 꿈을 위해 노력하기엔 지금도 늦지 않았다는 사실 역시 깨달았습니다.

강한 동기는 삶을 변화시키기 시작합니다. D는 전과해야

겠다는 결심을 내비쳤고, 전과에 필요한 학점을 받기 위해 공부도 시작했습니다. 학교 안에서도 더는 외톨이가 아니었습니다. 자신이 하고 싶은 것을 가르치는 전공 수업에서 친구들을 만났습니다. 그 안에서 D는 잃어버렸던 생생하고 밝은 표정을 조금씩 되찾았습니다. 온라인 세계에서 그가 선택했던 역할을 서서히 현실에서 실현하기 시작했습니다. 자신이 하고 싶은 것과 마땅히 하려는 일을 찾았을 때, 마침내 꿈꾸는 세계가 드러난 겁니다. 그 열망은 D가 세상 밖으로 나올 수 있도록 도왔습니다.

우리가 앞에서 논의했던 네 가지 기둥을 D의 사례에서 살펴보자면 다음과 같습니다. 먼저 '행동'입니다. 그는 '게임을 한다'라는 행동을 취하고 있습니다. 부모는 그 모습을 게임중독이라고 명명했지만, 그 행동의 뒷면엔 다른 의미가 숨어 있었습니다. 바로 '방향성'입니다. D는 단순히 게임을 한 것이 아니라, 게임의 세계가 그를 불렀기에 이끌린 것입니다.

게임 속에는 그가 '좋아하는 느낌'이 있습니다. 어떤 프로젝트에서 전략가, 기획자, 감독자, 제작자의 역할을 하며 희열을 느끼는 느낌 말이죠. 이런 느낌은 일순간에 생겨난

게 아니라 게임에 빠지기 이전부터 오랜 시간 '지속해서 있던 특징'입니다. 그러므로 '게임' 자체만 보고 D를 평가해서는 결코 안 됩니다. 게임을 스트레스를 해소하는 회피 수단으로만 진단하는 건 우를 범하는 일입니다. 프로게이머 되기가 쉬운 줄 아느냐고 무조건 핀잔을 주는 것도 과한 비판입니다.

게임은 하나의 상징일 수도 있습니다. 그 안엔 D가 잃어버렸던 길이 숨어 있습니다. 누군가 정해줬던 길만 살다가 길을 잃어버린 D에게 게임은 자신이 무엇을 해야 하는 사람인지를 알려주는 중요한 장소였습니다. 바로 그곳에서 D는 자신의 미래를 발견하기 시작한 것입니다.

인간은 감탄을 먹으며 자란다

당신이 진정으로 좋아하는 일을 찾고 싶다면 관심이 가고 마음이 끌리는 것을 직접 해봐야 합니다. 치킨을 먹고 싶은데 유튜브에 치킨을 검색해 영상으로만 보거나 현란한 광고지만 쳐다보면, 오히려 갈망은 더 심해질 뿐이죠.

오랫동안 묵혀왔던 하고 싶은 일이 정말로 원하는 것인지를 검증해 보려면 일단 경험하는 게 중요합니다. 특히 이제 10대 청소년이나 사회 초년생이라면 더더욱, 좋아하는 것을 찾아 충분한 시간을 들여 몰입해 봐야 합니다. 그 일을 하는 사람을 만나보기도 하고, 그 일과 가까운 환경에 가능하면 오래 머물러 보기도 해야 합니다.

앞서 말했듯 좋아하는 것을 찾는 과정은 그리 쉬운 일이 아닙니다. 현실의 벽이 늘 우리를 짓누르기 때문입니다. 우리가 좋아하는 것을 찾아보려고 하면, 누군가는 꼭 현실과 사회의 기준에 우리 자신을 맞춰야 한다고 한마디 던집니다. 우리를 지지해주는 사람은 생각보다 흔치 않습니다. 가장 가까운 부모나 가족조차도 현실을 직시하라며 꿈을 꾸지 못하도록 우리를 계속 뒤흔듭니다. 자신에게 부여된 여러 압박에 휘둘려 정신없이 살다 보면, 나는 과연 무엇을 좋아했는지조차 까맣게 잊어버립니다.

걸음마라는 기적이 가능했던 이유

우리가 처음부터 좋아하지도 않는 일을 억지로 하며 산 건 아니었습니다. 처음부터 꿈을 꾸지 않고 현실만 생각했던 건 아니었습니다. 아주 어린 시절로 돌아가 볼까요? 우리는 모두 아기였던 시절이 있습니다. 우리는 본래 걷고 뛰는 존재가 아니라 대부분 시간을 누워서 지내던 존재였습니다. 그러다가 조금씩 혼자 앉고, 심지어 일어나 걷기 시작했죠.

아이에게 걸음마란 하나의 기적입니다. 본래 기어만 다니던 존재가 갑자기 두 다리로 우뚝 선다고 생각해 보세요. 이는 마치 땅에 발을 딛고 선 현재의 우리가 날개를 펴고 날아오르는 것만큼이나 큰 도전입니다. 그러나 어른의 시각에서 볼 때 걸음마는 큰일이 아닙니다. 자신은 매일같이 하는 일이기 때문이죠. 적당한 시간이 지나면 누구나 하는 의례적 일이라고 치부할 수도 있습니다.

하지만 놀랍게도 부모는 아이가 걷는 것을 보면 '그러려니' 하며 넘기지 않습니다. 오히려 넘치도록 반복하죠. 걸음마를 처음 떼기 시작했을 때 우리는 잘 걸어 다니지 못했을 겁니다. 한두 걸음 가다가 넘어지기도 했겠지요. 그럴 때 부모님이 과연 우리에게 이렇게 말했을까요?

"야, 너는 왜 그렇게밖에 못 걷니?"
"저렇게 잘 걷는 네 언니를 봐."
"네 언니는 너하고 나이 차이가 한 살밖에 안 나.
걸음마가 대체 그게 뭐니?"

아마 아니었겠죠. 그 뒤뚱거리는, 어설픈 걸음마를 보면서 오히려 이렇게 말했을 거예요.

"여보, 우리 애가 방금 걷는 거 봤어? 지금 분명히 두 발로 걸었다니까! 저 봐. 또 일어서잖아. 쟤 아무래도 운동신경 있나 봐. 나 닮았나 봐."

"무슨 당신을 닮아, 나 닮았지."

어쩌면 기어가는 존재였던 우리를 세상에 우뚝 서게 만든 가장 큰 이유는 누군가의 감탄 아니었을까요? 거친 세상을 성큼성큼 걸어 다닐 용기는 누군가가 나를 지지해 줬기 때문에 생긴 게 아닐까요? 저는 가끔 '인간은 감탄을 먹으며 자라는 것이 아닐까?' 하고 생각하기도 합니다.

걸음마를 뗀 아이가 커서 네 살 무렵이 되었다고 해보죠. 어린이날을 맞아 장난감을 사려고 가게에 들어갑니다. 부모로서는 요즘 경제도 어렵고 하니 대충 그럴듯한 3만 원짜리 장난감을 골라줍니다. 그런데 아이가 그건 싫다면서 5만 원짜리 장난감을 떡하니 고릅니다. 그럴 때 부모는 이렇게 말했을까요?

"넌 조그만 애가 도대체 왜 이렇게 비싼 걸 좋아하니?"

아마 아니겠지요. 부모는 설령 주머니 형편상 그 장난감을 사주지 못하더라도 이번에도 이렇게 말했을 거예요.

"우리 아이가 진짜 눈썰미가 있네!"

사라지는 감탄, 잿빛으로 변하는 현실

안타깝게도 시간이 지나며 감탄과 칭찬은 점점 줄어듭니다. 빛나는 진주도 진흙더미에 파묻히면 영롱한 색이 사라지듯, 우리에게 탄복하던 시선은 어디 가고 그 자리엔 빈약한 현실만 남습니다. 우리는 처음부터 환대를 받던 존재였습니다. 작은 일에도 누군가 감탄을 보내고, 특별한 일을 하지 않아도 사랑을 받아왔죠. 그러나 나이가 들면서 이러한 환대는 점점 줄어듭니다.

아이가 커서 열여덟 살쯤 되면 어떻게 될까요? 아이는 키도 훨씬 자라고 심지어 달리기도 잘하지만 아무도 그 점을 칭찬하지 않습니다. 그저 당연한 일일 뿐이죠. 부모님은 웬만한 일엔 눈도 깜짝하지 않습니다. 예컨대 성적으로 반에서 1등을 하거나 무슨 큰 상을 받지 않는 이상은 말이죠. 공부를 못한다면 반장으로라도 뽑혀서 친구 관계나 리더십을 증명해야 합니다. 게다가 한 반에 반장은 한 명뿐이니, 주목받지 못하는 나머지는 침울하기만 합니다. 평균이 원래 숫자가 가장 많은 법인데, 평균이 가장 주목받기 어렵습니다. 특별함이란 나와는 전혀 상관없는 것이 되어갑니다.

아이가 자라 20대 후반 청년이 되면 어떤 일이 발생할까요? 자신의 일을 찾아 취업해도 적은 월급과 조직 내 인간관계 스트레스 때문에 밤잠을 설치곤 합니다. 취업을 안 한 사람은 안 한 대로 힘듭니다. 주위로 눈을 돌려보면 저렇게 집이 많은데 내 몸을 누일 작은 공간 하나 내 것이 아닙니다. 결혼은 엄두도 못 냅니다. 그런데 남의 사정도 모르고 주위에선 언제 결혼하냐며 물어댑니다. 다들 나보다 돈도 많고 외모도 잘 관리하고 연애도 잘하는 것 같습니다. SNS에는 누군가가 또 여행지에서 찍은 사진을 올립니다. 대체 무슨 시간과 돈이 있어서 그렇게들 해외여행을 다니는지 이해가 안 됩니다. 우울함이 밀려오고 자존감에 깊은 상처가 생깁니다. 고개가 떨궈지고 불면증이 생기기 시작합니다.

이런 상황에서 좋아하는 것을 찾을 수 있을까요? 나이가 들수록 좋아하는 것을 찾기란 어려워집니다. 오래전 환대받던 어린 시절의 당신은 밝게 웃으며 뭘 좋아하는지 말했을지 모릅니다. 하지만 그때 좋아하던 것들은 나이가 들면서 아득히 기억 저편으로 사라져 버렸습니다. 대신 뭔가 하고는 있는데 죄다 하기 싫은 것들만 가득합니다. 사회에서 요구하는 사람이 되고자 부단히 노력할 뿐이죠. 조급함이 밀려오니 깊이 숙고할 여유로움이 사라집니다. 당장 해야 하는 일에 쫓기다 보니 정작 내가 원하는 삶을 살지 못합니다.

너무 많은 기대가 독이 될 때

저는 한 부모에게 고등학교 1학년 아이 E의 진로상담 의뢰를 받았습니다. 아버지는 성공한 사업가였습니다. 그 가족은 우리나라에서 가장 집값이 비싸다고 일컬어지는 지역에서 살았고 부모는 당연히 외동아들을 위해 많은 돈을 쏟아부었습니다. E는 어린 시절부터 공부를 잘했습니다. 친구 관계도 괜찮고 좋아하는 활동이 여럿 있었습니다. 그래서 부모는 다양한 분야에 관심도 많고 사회성도 높은 아이가 뭘 해도 잘할 것 같다고 생각했다고 합니다.

그런데 E가 중학교 2학년이 되면서부터 갑작스럽게 문제가 생겼습니다. 도무지 어떤 것도 하기 싫어한다는 문제였죠. 저는 입 밖에 내지는 않았지만, 이야기를 들으며 지나친 압박감과 과도한 기대가 아이를 질리게 한 것 같다고 느꼈습니다. E는 고등학교에 가고 나서는 생생하던 빛을 완전히 잃은 듯 보였습니다. 표정도 어두웠습니다. 그러나 심리검사를 해보니 놀랍게도 여전히 기본적인 학습 역량을 가지고 있었습니다. 심지어 다행스럽게도 지적 욕구, 학습에 대한 동기도 숨어 있었고요. 그런데 너무 많은 압박감이 오히려 E의 동기를 무너뜨린 상태였습니다.

제가 많은 아동과 청소년을 만나면서 깨달은 사실은, 어떤 아이에게는 최소한의 개입만 하고 스스로 경험하도록 두는 것이 더 유익할 수도 있다는 점입니다. 실패하더라도 스스로 무엇인가를 찾아봐야 그 안에서 흥미를 발견할 수 있죠. 물론 넘어졌을 땐 부모의 도움이 필요하기도 합니다. 그럴 땐 가만히 다가가 조금씩 지원해 줘야겠지요. 그러나 아이는 반드시 자신의 두 발로 다시 서야 합니다. 걸음마를 뗐을 때처럼 말이에요. 삶이란 자신의 다리로 우뚝 서는 것에서 시작합니다. 저는 기본적으로 높은 역량과 성취감을 지녔기에 그냥 놔둬도 잘 살아갈 아이가 오히려 주위의 조바심과 참견 때문에 무너지는 모습을 여러 번 보았습니다.

부모는 고개를 절레절레 흔들면서 원래는 영재였던 아이가 구제 불능이 됐다고 했습니다. 성적은 기하급수적으로 떨어졌으며, 쉼 없이 재잘거리던 아이가 침묵으로 일관했습니다. 부모가 뭘 물어봐도 "몰라요" "괜찮아요"만 연발할 뿐이었습니다. 뭐가 문제냐고 호통을 치면 자기 방에 들어가서 도무지 나오지 않는다고 했습니다. 이야기하던 도중에 아버지는 갑자기 몸을 앞으로 숙여 제게 말했습니다. 한층 작아진 목소리에는 간절함이 배여 있었습니다.

"선생님께 성적을 올려달라는 뜻이 아닙니다. 그런 마음은 내려놓은 지 오래되었어요. 이제라도 아이가 좋아하는 것을 찾았으면 합니다. 아이가 다시 생기를 찾았으면 합니다. 그래서 이렇게 멀리까지 와서 부탁하는 겁니다."

그래서 제가 다시 여쭤보았습니다. "정말 이제부터는 아이가 좋아하는 것을 찾으면 되나요?"

부모는 모두 고개를 끄덕였습니다.

얼어붙은 흥미의 샘을 녹이는 일부터

저는 E를 다시 만나기 시작했습니다. 부모는 아이가 뭘 물어도 대답도 안 하고 구제 불능이라고 말했지만, 전혀 그렇지 않았습니다. 아이는 상당한 호감으로 저를 대했고 시간이 조금 지나자 기다렸다는 듯 자신의 이야기를 털어놓으며 종종 눈시울을 붉히기도 했습니다.

겨울 한가운데에서 호수에 가보면 물이 꽁꽁 얼어붙어 있습니다. 그 황량한 얼음판을 가만히 들여다보면 그 안에 있는 물고기마저 다 꽁꽁 얼어붙어 있는 듯 느껴집니다. 모두가 얼어 죽어버린 건 아닐까 하고 말이죠. 마치 아무런 생명도 없는 것 같습니다. 그러나 봄이 오면 언제 그랬냐는 듯이 얼음은 녹고 역동적으로 움직이는 물고기의 몸짓이 보입니다. 마치 그 순간처럼, 꽁꽁 얼어붙어 있었던 E는 따뜻한 환대 속에서 자신이 잊고 있던 좋아하는 것을 찾아가기 시작했습니다.

지금까지 우리가 '좋아하는 것'의 네 가지 특징, 지속적 관심·좋아하는 느낌·끌리는 방향성·행동에 관해 하나하나 살펴봤습니다. 그리고 좋아하는 것을 찾고자 할 때 만나는 냉엄한 현실의 벽도 같이 살펴봤습니다. 저는 다음 장에서 삶의 방향을 잃은 여러 사람과 상담할 때 물었던 몇 가지 질문을 여러분에게도 해보려고 합니다. 이 질문들은 우리가 방금 다룬 흥미의 네 가지 기둥을 좀 더 명확하게 발견하는 데 도움이 될 것입니다. 깊은 질문 속에서 잃어버린 자신을 찾을 수 있는 계기가 되기를 바랍니다.

“

당신이 무언가를 성취하려면

시간이 필요합니다.

씨앗을 심었다면

다 자랄 시간을 줘야 합니다.

능력을 갈고닦으며

무수한 세월을 견디고 싸워야 합니다.

그것이 삶의 과정입니다.

”

3

진짜 '좋아하는 것'을 어떻게 알까?

강점 : 자아 탐색을 위한 7가지 강력한 질문

“

‘가치’란 당신이 열망하는 것이기도 하지만,

당신을 가장 잘 설명해 준다는 점에서

‘강점’이라고 생각할 수도 있습니다.

그런 의미에서 당신이 가장 중요하게 생각하는 가치는

당신이 가진 훌륭한 강점이 됩니다.

”

과거, 현재, 미래가 공존하는 자기만의 방이 있나요?

저는 당신에게 총 일곱 가지 질문을 드리려고 합니다. 모두 '좋아하는 것'이 무엇인지를 찾는 질문입니다. 제가 커리어 코칭을 하거나 삶의 의미를 물어보는 세션에서 드리는 질문이기도 하지요. 항목이 더 많지 않은 이유는 질문 양은 중요하지 않기 때문입니다. 평소 제가 던지는 수천 개 질문 중에서 엄선해, 정수에 가까운 것만 정리한 내용입니다.

"자신이 좋아하는 것을 모른다니 말이 되나?"라고 반문하는 사람도 있을 듯합니다. 그러나 인생을 살아가다 보면 정말 소중하게 생각하고 사랑하는 것을 종종 놓치곤 하지요. 앞서 말했듯 우리는 압박감에 쫓긴 채 일상을 살아가기 일쑤입니다. 그나마 평소 자신에게 던지는 질문조차 대개 일상적인 것들입니다. 뉴스, 다른 사람 이야기, 식사 메뉴 등등…. 그래서 인생을 제법 오래 살았는데도 우리는 정작 내면에서 오는 메시지를 지나칠 때가 많습니다.

이 장의 질문들에 짤막하게 한 번 대답하고 넘기지 않기를 바랍니다. 작은 노트를 꺼내어 여러 번 반복해서 답변을 적어보기를 바랍니다. 거듭할수록 답변은 좀 더 깊고 구체적으로 바뀔 것입니다. 그렇다고 어려운 질문은 아니니 너무 걱정하지 마세요. 모든 대답은 당신이 경험하고 상상한 일 안에 숨어 있으니까요. 좋아하는 것은 물건이 될 수도 있고 가치관이 될 수도 있고 사람이 될 수도 있습니다.

과거, 현재, 미래를 두루 탐색하는 이유

질문의 주제는 크게 과거, 현재, 미래로 나뉩니다. 왜 과거를 물어야 할까요? 예전에 좋아했던 것을 스스로 물었을 때 무언가를 떠올렸다는 사실은, 그 경험이 그렇게 각인될 정도로 좋은 기억이었다는 의미입니다. 그런 기억을 찾기 위해 우리는 과거를 들여다볼 필요가 있지요. 만약 먹고사느라 지쳐 좋아하는 것이 뭔지 잊어버렸다면 어떻게 하면 좋을까요? 그럴 때도 과거에 힌트가 있습니다. 잊어버렸다는 말은 뒤집어 보면 원래 뭔가가 있었다는 뜻이니까요.

길을 잃어버렸다면 가던 길을 계속 가지 말고 일단 멈춰서 다시 뒤돌아 와야 합니다. 무엇인가를 잊었다는 말이 원래는 기억하고 있었다는 뜻이듯, 잃어버렸다는 말은 원래는 가지고 있었다는 의미입니다. 답은 이미 당신의 기억 속에 있습니다. 즉, 좋아하는 것은 우리가 경험한 기억 속에서 찾아야 하고, 그 기억은 모두 과거에 뿌리를 둡니다.

과거를 충분히 탐색한 뒤에는 반드시 현재에 관한 질문으로 돌아와야 합니다. 우리는 어디까지나 현재에 사는 존재이니까요. 당신이 지금 어떤 세계를 바라보고 어디에 서 있는지를 물어보는 질문이 현재에 대한 질문의 예입니다. 현재는 또한 미래를 향하고 있습니다. 현재는 미래를 만들어 냅니다. 미래는 정해져 있지 않습니다. 미래는 현재 어떤 태도를 보이고 어떤 행동을 하느냐에 따라 완전히 달라집니다. 만일 당신이 서울에 가야겠다고 마음먹는다면, 서울 쪽을 향해야 합니다. 부산 쪽으로 방향을 잡고 무조건 가기만 한다면 목적지와는 오히려 더 멀어지겠죠.

따라서 미래에 관한 질문은 현재를 사는 당신이 어떤 방향성을 가졌는지, 어느 쪽으로 가면 더 나은 방향일지를 물어보는 질문으로 되어 있습니다. 그런 의미에서 미래는 우리가 꿈꾸는, 앞으로 성취될 그 무엇입니다. 우리는 주어진 일만 하며 사는 존재가 아닙니다. 우리는 꿈을 꿀 수 있고, 삶은 가능성으로 가득 찬 곳입니다. 질문이 과거, 현재, 미래를 모두 다루는 이유입니다.

일곱 가지 질문, 일곱 가지 세계관

일곱 가지 질문은 각기 하나씩 주제와 세계관을 품고 있습니다. 그 질문과 주제를 각각 하나의 방에 배치해 보겠습니다. 그럼 하나의 질문이 하나의 방에 있으니 총 일곱 개의 방이 생기겠지요. 당신은 각 방에서 한 가지 질문에 깊이 몰입해 볼 거에요. 여기서 '방'이란 무엇일까요? 이 방은 외부에 존재하는 공간이 아니라 우리 내면에 있는 곳입니다. 움직이는 곳이라기보다는 머무는 곳입니다. 사적인 공간이자 무엇인가를 숙고하는 장이기도 하죠.

그러므로 방에 들어서서 질문에 답할 때 차분히 머물면서 질문의 의미를 머금기 바랍니다. 질문을 잘 활용하는 열 가지 규칙을 본격적으로 질문을 시작하기 전에 짧게 적어두겠습니다. 이 내용을 꼭 참고하시기를 바랍니다.

이 문답을 며칠간 진행하면 좋을지를 물어보는 분들도 계시는데요. 저는 이 질문을 임상 현장에서 다양하게 활용해 봤는데, 100일 정도에 걸쳐 진행해 보는 것이 가장 도움이 됩니다. 그 정도로 시간이 무르익을 때 비로소 자신이 잊고 있었던 기억과 메시지를 발견하곤 하거든요. 그만큼 오랜 시간 답변해 왔으면 이제 노트가 충분히 두꺼워졌을 것입니다. 이때 스스로 적은 답변을 하나씩 읽어보시기를 바랍니다. 그러다 보면 어떤 일정한 패턴이 보일 거예요. 그 반복되는 패턴 속에서 당신은 자신이 소중하게 여기는 욕구, 관심, 열망, 바람, 가치, 의미, 사람, 경험 등을 찾아낼 수 있습니다.

자, 이제 준비가 되었나요? 당신은 첫 번째 방 앞에 섰습니다. 한번 문을 열고 들어가 보죠. 말씀드렸듯이 각 방에는 단 하나의 질문이 기다리고 있습니다.

⁕ 질문을 잘 활용하는 열 가지 규칙 ⁕

1. 책에서 말하는 '방'은 심리적 공간이지만, 실제로도 나만을 위한 작은 물리적 공간 안에서 질문에 답해보는 게 좋다.

2. 노트 하나를 준비한다. 책에도 답변 적을 공간을 마련해 두었으니, 노트가 없다면 그 공간을 활용해도 좋다.

3. 방에 들어갈 때 맨 앞에 적힌 질문을 곱씹어 본다.

4. 눈을 감고 문답을 진행하기를 추천한다. 시각이 차단될 때 우리는 내면의 심상을 좀 더 분명하게 떠올릴 수 있다.

5. 질문에 답할 때 떠오르는 경험의 의미를 생각하고 음미해 본다.

6. 떠오르는 생각을 노트에 적는다. 한두 줄로도 충분하다. 많이 적는 것보다는 깊게 생각하고 답하는 것이 중요하다.

7. 질문에 관해 적은 내용을 소리 내어 읽어본다.

8. 질문을 스스로 반복해 묻는 일정한 시간을 일상에 배치한다.

9. 대답을 적은 노트가 충분히 두꺼워졌을 때, 쓴 내용을 가만히 읽는다. 거기서 나타나는 특정한 패턴을 살펴본다.

10. 적은 내용을 실현하기 위한 작고 구체적인 행동을 일상에서 경험해 본다.

첫 번째 방 꿈

첫 번째 방의 주제는 '꿈'입니다.

이 방에서는 당신이 간직했던 꿈을 물어볼 것입니다.

"어렸을 때 당신은 무엇을 꿈꾸었나요?"

당신이 어릴 적 꾸었던 꿈은 무엇인가요? 그 꿈은 말 그대로 어린 시절 간밤에 꾼 꿈일 수도 있고, 당신이 멋모를 때 가졌던 장래희망일 수도 있습니다. 우주 비행사, 대통령, 모험가, 그 무엇이든 괜찮습니다.

꿈은 우리 내면 가장 깊은 곳에 숨어 있습니다. 역설적으로 우리가 바라보는 가장 높은 이상향도 꿈이라고 부르지요. 그래서 "꿈이 뭐야?"라는 질문에 대한 답은 깊이 숨겨진 당신의 열망이나 바라왔던 이상향을 드러내 줄 수 있습니다.

≫ 첫 번째 질문에 대한 보조 질문

* 그 꿈이 생각난 이유가 무엇일까요?
* 그 꿈은 무엇을 의미하고 있을까요?
* 그 꿈을 색으로 표현해 본다면 어떤 색인가요?
* 만약 그 꿈을 이룰 수 있다면 당신은 어떤 느낌이 들까요?
* 늘 꿈꾸어 왔음에도 아직 이루지 못한 것이 있다면 무엇인가요?
* 당신이 가장 원하는 건 무엇인가요?

첫 번째 질문

"어렸을 때 당신은 무엇을 꿈꾸었나요?"

두 번째 방의 주제는 '빛났던 순간'입니다.
이 방에서는 당신이 빛났던 경험을 물어볼 것입니다.

"어린 시절 당신이 가장 빛났던 순간은 언제였나요?"

어린 시절 당신이 가장 빛났던 순간은 언제인가요? 꼭 공부나 어떤 시합에서 1등을 한 경험을 의미하지는 않습니다. 그런 건 어른으로서의 평가 기준이죠. 스스로 생각하기에, 어린 시절 빛난다고 느꼈던 순간이 이 질문의 요지입니다.

어쩌면 그 순간은 당신이 친구들과 함께 역할을 분담해서 동네를 깨끗하게 치운 순간일 수 있습니다. 장기자랑을 선보였을 때 당신을 바라보는 사람들의 표정을 목격한 순간일 수도 있습니다. 바자회를 열어서 많은 사람을 모으고, 그 수익으로 어려운 아이들을 돕기 위한 자금을 마련한 순간일 수도 있습니다. 당신이 그린 수채화를 선생님이 보고 깜짝 놀라면서 "재능이 있는데?"라고 말한 순간일 수도 있습니다.

축구에서 멋진 역전 골을 넣은 순간일 수도 있습니다. 당신 스스로 빛난다고 느낀 순간이라면 무엇이든 괜찮습니다.

≫ 두 번째 질문에 대한 보조 질문

* 과거에 당신이 가장 자랑스러웠던 순간은 무엇인가요?
* 그 느낌에 잠시 머물러 보면 어떤 마음이 드나요?
* 그때의 당신에게 이름을 붙여본다면 뭐라고 붙일 수 있을까요?
* 빛났던 순간, 그 시절의 당신이 지금의 당신에게 한마디 할 수 있다면 뭐라고 할까요?

두 번째 질문

"어린 시절 당신이 가장 빛났던 순간은 언제였나요?"

세 번째 방의 주제는 '즐거움'입니다.

이 방에서는 당신이 살면서 즐겁게 느꼈던 경험을 물어볼 것입니다.

"어린 시절, 밤을 꼬박 새우면서 한 재미있는 일은 무엇인가요?"

어른이 밤을 새우는 건 보통 야근 때문입니다. 학생이라면 벼락치기로 공부하는 중일 수도 있고요. 아니면 너무나 많은 걱정거리에 휩싸여 불면증을 겪고 있을 수도 있죠. 그래서 밤을 새운다는 것은 보통 좋지 않은 일로 여깁니다. 하지만 밤늦게까지 무엇인가를 한 이유가 당신이 좋아서라면요? 너무 즐거운 나머지 새벽까지도 계속했다면, 그 활동이 굉장히 흥미진진했다는 의미겠지요.

당신 안에 있는 수많은 경험을 한번 관찰하시겠어요? 밤늦게까지, 아니면 동이 틀 때까지 했거나 하고 싶었던 활동이 있었는지 말입니다. 돈을 줘서도 아니요 좋은 평가를 받기 위해서도 아닌데, 그렇게 몰입했던 경험이라면 즐거움의 정수 아닐까요? 그런 경험을 따라가면 당신이 열정으로 불타올랐던 시기와 활동을 발견할 수 있습니다.

예를 들면, 아주 어린 시절 이불 속에서 몰래 손전등을 켜고 만화책을 봤던 적이 있을지도 모릅니다. 그 만화책의 무엇이 그렇게 재미있던 걸까요? 종이접기로 무언가를 만들어 누군가에게 선물한 적도 있고요. 당신에게 그 시절 그 사람은 어떤 존재였나요? 모터로 작동하는 장난감 자동차를 만들어 본 적도 있겠죠. 당신은 무언가를 창조하는 사람인가요?

당신의 경험은 무엇인가요?

≫ **세 번째 질문에 대한 보조 질문**

* 어린 시절, 가장 신났던 순간은 언제였나요?
* 돈을 많이 벌어서 경제적 자유를 얻었다고 상상해 볼게요.
  그다음에 해보고 싶은 일은 무엇인가요?
* 당신은 일상에서 얼마나 즐겁나요?
* 가장 열정으로 가득했던 시절이 언제였나요?

세 번째 질문

"어린 시절, 밤을 꼬박 새우면서 한 재미있는 일은 무엇인가요?"

미래

네 번째 방까지 잘 오셨습니다. 앞의 세 방에서는 '과거'에 관한 질문을 다루었다면, 이번 방은 '미래'를 그려보는 방입니다. '미래'란 당신이 앞으로 걸어갈 길, 향하려는 곳을 의미합니다.

미래는 산 사람에게만 허락됩니다. 미래란 가능성을 뜻하며, 죽음은 모든 가능성이 사라지는 것을 의미합니다. 삶이 설레는 까닭은 우리가 가능성을 꿈꿀 수 있기 때문입니다. 미래는 정해지지 않았습니다. 당신이 오늘 어떤 태도와 행동을 취하느냐에 따라 얼마든지 바뀔 수 있습니다.

"10년 후 나에게 하고 싶은 말은 무엇인가요?"

우리는 하루하루를 바쁘게 살아갑니다. 너무 바삐 사느라 무엇을 위해 그렇게 사는지 까맣게 잊어버리는 경우도 많습니다. 목적이 있어야 그것에 도달하기 위해 무엇인가를 계획하고 실행할 텐데, 정신없이 실행만 하다 보면 정작 자신이 향하는 목적 자체를 놓치기도 하지요. 그러므로 우리 삶을 다시금 조망하며 앞으로 가려는 길을 되짚어 보는 일은 당신이 어떤 것에 집중해야 할지를 알려줍니다.

당신은 무엇을 향하고 있나요? 당신이 정말 중요하게 생각하는 것은 무엇인가요? 10년 후라는 시기는 언젠가 오고야 말 것입니다. 그때 자신에게 하고 싶은 말은 무엇인가요?

≫ 네 번째 질문에 대한 보조 질문

* 롤 모델이 있다면 누구인가요? 그 사람을 떠올린 이유는 무엇인가요?
* 인생에서 가장 중요하게 생각하는 것은 무엇인가요?
* 3년 뒤 당신은 어떤 모습일 것 같나요?
* 만일 지금 죽는다면 삶에서 가장 자랑스러운 일은 무엇인가요? 또 가장 후회되는 일이 있다면 그건 무엇인가요?
* 당신은 지금 80대 노인입니다. 오늘은 당신의 일대기로 만든 영화가 개봉하는 날입니다. 그 영화의 제목이 무엇일 것 같나요? 그 영화는 어떤 이야기를 담고 있나요? 지금의 삶은 그 영화에서 어떤 대목인가요?

네 번째 질문

“10년 후 나에게 하고 싶은 말은 무엇인가요?”

다섯 번째 방 자신

다섯 번째 방은 '자신'을 마주하는 방입니다. 이 방에는 특이하게도 커다란 거울 하나가 달려 있습니다. 그 거울 앞에 서면 보이는 존재는 바로 당신입니다. 당신의 태도, 몸짓, 표정, 욕구가 거울에 비추어 보이지요. 다섯 번째 방에서는 그 거울에 비친 현재의 자신에게 질문을 해보도록 하겠습니다.

꼭 심리적 거울을 말하는 건 아닙니다. 실제 거울을 보며 스스로에게 질문해도 좋습니다. 다른 사람이 당신에게 부여한 역할을 해내느라 숨겨져 있는 자신을 다시 불러내어 질문해 보는 것입니다. 숨죽여 살고 있으나 여전히 존재하는 나를 초대해 그 목소리를 경청해 봅시다, 거울을 보면서 자신에게 물어보시겠어요?

"지금, 나에게 가장 필요한 질문은 무엇인가요?"

거울을 보고 반복해서 말해보세요. 지금 당신에게 가장 필요한 질문은 무엇인가요?

≫ 다섯 번째 질문에 대한 보조 질문

* 마음속으로 정말 중요하다고 생각하는 것은 무엇인가요?
* 실제 당신은 어떤 존재인가요?
* 당신은 어떤 것을 바라보고 있나요?
* 언제 당신의 무대에서 주인공이 되려고 하나요?
* 어떤 감정을 가장 느끼고 싶나요?

다섯 번째 질문

“지금, 나에게 가장 필요한 질문은 무엇인가요?”

여섯 번째 방 소중한 사람

여섯 번째 방의 주제는 바로 당신의 삶을 지탱하는 '소중한 사람'입니다.

어린 시절 저는 어른이 되면 하고 싶은 걸 마음껏 할 수 있어 마냥 좋을 줄 알았습니다. 막상 어른이 되고 보니 저 혼자만 잘 되려고 바쁘게 사는 건 아니더라고요. 예를 들면, 부모는 아이를 진심으로 돌봅니다. 아이가 특별히 자신에게 해줄 수 있는 게 없어도 기꺼이 밤낮으로 아이를 돌보지요. 우리가 회사에서 치사한 일을 겪고 마음이 괴로워도 쉽게 그만두지 않는 이유는 지켜야 하는 가족이 있기 때문입니다.

꼭 부모만 그런 게 아닙니다. 아이 역시 부모를 진심으로 사랑하지요. 아이는 세상에서 처음 만난 부모라는 소중한 존재를 알아봅니다. 그리고 이 세상에서 그 존재를 가장 사랑하게 됩니다. 그 아이가 자라서 어른이 되어도, 부모에게 받은 사랑은 내면 깊이 숨겨져 있습니다. 그 사랑은 각박한 현실을 견디게 하는 가장 큰 힘입니다.

"나에게 가장 소중한 사람은 누구인가요?"

당신에게 가장 소중한 존재는 누구인가요? 그 존재가 떠오른다면 한번 눈을 감고 그 사람의 얼굴을 상상해 보세요.

≫ **여섯 번째 질문에 대한 보조 질문**

* 그 사람은 당신에게 어떤 의미인가요?
* 그 사람과 함께 했던 소중한 경험은 무엇인가요?
* 지금이라도 그 사람과 그 경험을 다시 하면 좋을 텐데, 못할 만한 무슨 사정이 있나요?
* 당신이 3일 뒤에 죽음을 맞는다는 사실을 알게 되었습니다. 소중한 사람을 만나 어떤 말을 하고 싶나요?

여섯 번째 질문

"나에게 가장 소중한 사람은 누구인가요?"

일곱 번째 방 가치

마지막 일곱 번째 방의 주제는 '가치'입니다.

가치란 당신이 가장 중요하게 생각하는 본질입니다. 필생 이뤄내려고 하는 인생의 목적이자 삶을 살아가는 이유이기도 합니다. 소명이기도 하고, 자신을 움직이는 가장 큰 동력이기도 하죠. 가치란 당신이 꿈꾸고 있는 자신의 모습이자 세계관, 사회이기도 합니다. 많은 위인은 가치를 위해 목숨을 내걸기도 했지요. 마지막 방에서의 질문입니다.

"절대로 포기하지 못하는 나만의 가치는 무엇인가요?"

당신은 어떤 가치관을 따르는 사람인가요? 당신이 포기할 수 없는 일은 무엇인가요? 당신은 어떤 존재인가요? 일곱 가지 질문 중에서도 가장 심원한 내용을 품고 있는 이 질문은 우리 삶을 규정하는 정수입니다.

≫ 일곱 번째 질문에 대한 보조 질문

* 빛나는 순간을 위해 나는 무엇을 준비해야 할까요?

* 어려움에도 불구하고 당신이 포기하지 않는 이유는 무엇인가요?

* 당신 인생에서 가장 중요한 것은 무엇인가요?

* 당신이 남몰래 준비해야 하는 것은 무엇인가요?

* 오늘 깨어나 보니 지금까지 살아왔던 모든 인생이 꿈이었습니다. 그리고 지금의 세계에는 당신이 꿈꾸던 모든 것이 다 갖춰진 삶이 준비되어 있습니다. 당신은 어디에 살고 있나요? 누구와 함께하고 있습니까? 침대에서 일어나면 어떤 일을 가장 먼저 해보고 싶나요?

일곱 번째 질문

"절대로 포기하지 못하는 나만의 가치는 무엇인가요?"

나의 강점을 발견하는 가치 찾기 워크북

우리는 지금까지 좋아하는 것, 즉 흥미의 네 가지 특징이 무엇인지를 살펴보고 이를 좀 더 명확하게 발견하기 위한 일곱 가지 질문을 해보았습니다.

앞의 질문에 관해 여러 번 생각했다면 그 답이 대체될 수 없는 당신의 기억, 그리고 그 이면의 경험과 연결된다는 사실을 깨달았을 거예요. 기억과 경험은 주관적 영역입니다. 그것을 알고 느끼고 해석하는 주체는 철저히 우리 자신이죠. 그러므로 기억과 경험은 우리 고유성의 정점에 있습니다.

마지막 질문의 주제가 무엇이었는지 기억나세요? 맞아요, '가치'였죠. 사실 가치는 넓은 의미에서는 모든 방의 주제에 포함되기도 합니다. 경험의 근저에 있는 것이 바로 가치니까요. 따라서 일곱 개의 방은 모두 당신을 이루는 가장 깊은 뿌리, 즉 가치에 대한 질문으로 구성되었다고 할 수 있습니다. 그리고 그 가치가 바로 당신의 강점이 될 것입니다.

그래서 저는 삶의 길을 잃었다거나, 자신을 이해하고 싶다거나, 진로를 찾고 싶다는 사람을 만날 때 가장 먼저 그 사람이 좋아하는 것을 찾습니다. 그리고 그것의 의미와 가치를 숙고해 보는 시간을 갖습니다. 어느 직업군을 선택할지 제시하고 골라보는 방식으로 상담하지 않는다는 말이죠.

왜일까요? 삶의 방향을 설정하고 진로를 찾기 위해서는 밖이 아닌 내면에서 그 길을 발견해야 하기 때문입니다. 흥미이든, 적성이든, 능력이든 모든 것은 당신 안에 있습니다. 그리고 그 모든 것을 하려는 의지인 동기 역시 내면에서부터 나옵니다. 그 원형이 바로 당신 고유의 숨겨진 가치입니다.

가치 찾기는 자기 이해의 첫걸음이다

저는 내담자와 여러 작업을 합니다. 과학적 검사를 거치기도 하고요. 그 사람 삶의 중요한 경험들과 강점을 찾아보기도 합니다. 물론 이 책에 나오는 질문도 하는데, 그 사람의 성향과 상황에 맞게 질문 목록을 바꿀 때도 있습니다. 그러나 일곱 가지 질문 중 마지막 질문인 '가치 질문'은 꼭 하는 편인데요. 앞서 말씀드렸듯 모든 질문은 가치로 귀결되기 때문입니다.

가치는 현실적 능력이나 눈에 보이는 직업과는 조금 거리가 있습니다. 오히려 그 지점 덕분에 무수한 상징과 은유, 가능성을 품고 있기도 하죠. 그리고 그 풍성한 의미 속에서 그 사람의 성향, 성격, 강점, 자원, 본질을 찾도록 이끌어 주는 역할을 합니다. 자기 이해나 삶의 방향, 진로는 모두 가치 속에서 발견할 수 있습니다.

그래서 일곱 가지 질문에 모두 답변하신 분들을 위해 당신이 어떤 가치를 중요하게 생각하는지를 찾아보는 시간을 가지려고 합니다. 다음 쪽부터 당신을 위한 미니 워크북을 마련해 봤는데요. 이 책이 제 이야기를 일방적으로 전하는 매체가 아니라, 당신의 고유한 특성 · 흥미 · 가치를 찾는 작업의 기회가 되기를 바라는 마음을 담았습니다.

한 가지 명심할 것은 꼭 앞의 일곱 가지 질문에 답변을 마치신 분들이 워크북을 써보시길 바란다는 점입니다. 만약 여기까지 눈으로만 글을 읽었을 뿐, 실제로 무엇인가를 적거나 생각해 보지 않았다면 다시 앞으로 돌아가 그 과정을 거치시기를 바랍니다. 이 워크북은 충분히 성찰하고 답변한 내용과 그 의미를 바탕으로 진행해야 합니다.

나의 강점을 말해주는 가치 형용사

형용사는 다음에 오는 명사를 꾸미는 역할을 합니다. 예를 들어 '용감한 말'이라고 했을 때, '용감한'은 그 말이 어떤 특징을 지닌 존재인지를 알려주죠. 그러므로 가치를 형용사로 나타내 당신에게 붙일 수 있다면, 이는 당신을 잘 설명해주는 단어가 될 것입니다. '가치'란 당신이 열망하는 것이기도 하지만, 당신을 가장 잘 설명해 준다는 점에서 '강점'이라고 생각할 수도 있습니다. 그런 의미에서 당신이 가장 중요하게 생각하는 가치는 당신이 가진 훌륭한 강점이 됩니다.

따라서 우리는 가치 찾기 워크북의 첫 번째 단계로 '가치 형용사 찾기 테스트'를 진행하려 합니다. 각 가치 형용사가 당신을 얼마나 잘 나타내는지, 또 그 강점을 통해 당신이 어디로 뻗어 나가면 좋을지를 함께 찾아보겠습니다. 이 테스트에는 핵심 가치를 묘사하는 단어들을 뽑아 배치했는데요. 아래의 형용사에 체크할 땐 기존 일곱 가지 질문에 답해놓은 내용과 이 가치 형용사가 얼마나 맞아떨어지는지를 잘 확인하시기 바랍니다. 테스트에 나오는 형용사는 당신이 좋아하거나 추구하는 개념일 수 있습니다. 또한, 스스로 마음에 들어 하거나 누군가에게 자주 들었던 단어일 수도 있습니다.

테스트는 간단합니다. 문제는 총 스무 개인데요. 각 문항당 다섯 가지의 형용사가 나열되어 있을 거예요. 이 다섯 가지 형용사 중에서 당신을 가장 잘 설명한다고 생각하는 하나를 골라 체크하면 됩니다. 그럼 시작하겠습니다.

가치 형용사 찾기 테스트

1. 보기 중 나를 가장 잘 설명하거나 스스로 추구하는 형용사를 하나 골라주세요. (   )

   ① 열정적인

   ② 존중하는

   ③ 성실한

   ④ 쾌활한

   ⑤ 계발하는

2. 보기 중 나를 가장 잘 설명하거나 스스로 추구하는 형용사를 하나 골라주세요. (   )

   ① 주도적인

   ② 사색하는

   ③ 신뢰할 만한

   ④ 표현하는

   ⑤ 지혜로운

3. 보기 중 나를 가장 잘 설명하거나 스스로 추구하는 형용사를 하나 골라주세요. ( )

① 활동적인

② 겸손한

③ 몰입하는

④ 유머러스한

⑤ 호기심 있는

4. 보기 중 나를 가장 잘 설명하거나 스스로 추구하는 형용사를 하나 골라주세요. ( )

① 독립적인

② 감성적인

③ 깔끔한

④ 융통성이 있는

⑤ 긍정적인

5. 보기 중 나를 가장 잘 설명하거나 스스로 추구하는 형용사를 하나 골라주세요. ( )

① 성공을 추구하는

② 자연을 사랑하는

③ 마무리를 짓는

④ 인정을 좋아하는

⑤ 자유를 추구하는

6. 보기 중 나를 가장 잘 설명하거나 스스로 추구하는 형용사를 하나 골라주세요. ( )

① 자신감 넘치는

② 진실한

③ 신중한

④ 이해하는

⑤ 성장하는

7. 보기 중 나를 가장 잘 설명하거나 스스로 추구하는 형용사를 하나 골라주세요. (　)

① 솔선수범하는

② 온화한

③ 체계적인

④ 상냥한

⑤ 전문적인

8. 보기 중 나를 가장 잘 설명하거나 스스로 추구하는 형용사를 하나 골라주세요. (　)

① 리더십이 있는

② 따뜻한

③ 끈기 있는

④ 대화를 잘하는

⑤ 깊이 있는

9. 보기 중 나를 가장 잘 설명하거나 스스로 추구하는 형용사를 하나 골라주세요. (   )

① 유능한

② 섬세한

③ 책임감 있는

④ 어울리는

⑤ 창의적인

10. 보기 중 나를 가장 잘 설명하거나 스스로 추구하는 형용사를 하나 골라주세요. (   )

① 결단력이 있는

② 영성적인

③ 꼼꼼한

④ 친화력이 있는

⑤ 패션 감각이 있는

11. 보기 중 나를 가장 잘 설명하거나 스스로 추구하는 형용사를 하나 골라주세요. ( )

① 용기 있는

② 감각적인

③ 질서정연한

④ 호의적인

⑤ 지적인

12. 보기 중 나를 가장 잘 설명하거나 스스로 추구하는 형용사를 하나 골라주세요. ( )

① 추진력이 있는

② 휴식을 좋아하는

③ 내공이 있는

④ 모임을 좋아하는

⑤ 상상력이 풍부한

13. 보기 중 나를 가장 잘 설명하거나 스스로 추구하는 형용사를 하나 골라주세요. ( )

① 적극적인

② 평화를 추구하는

③ 인내심이 있는

④ 친밀한

⑤ 열려 있는

14. 보기 중 나를 가장 잘 설명하거나 스스로 추구하는 형용사를 하나 골라주세요. ( )

① 활기찬

② 조용한

③ 실속있는

④ 너그러운

⑤ 예술적인

15. 보기 중 나를 가장 잘 설명하거나 스스로 추구하는 형용사를 하나 골라주세요. ( )

① 영향력 있는

② 편안한

③ 효율적인

④ 사려 깊은

⑤ 기발한

16. 보기 중 나를 가장 잘 설명하거나 스스로 추구하는 형용사를 하나 골라주세요. ( )

① 야망이 큰

② 머무르는

③ 규칙적인

④ 수용하는

⑤ 모험하는

17. 보기 중 나를 가장 잘 설명하거나 스스로 추구하는 형용사를 하나 골라주세요. (　)

① 행동하는
② 휴식하는
③ 논리적인
④ 공감적인
⑤ 개방적인

18. 보기 중 나를 가장 잘 설명하거나 스스로 추구하는 형용사를 하나 골라주세요. (　)

① 주장하는
② 침착한
③ 준비하는
④ 베푸는
⑤ 철학적인

19. 보기 중 나를 가장 잘 설명하거나 스스로 추구하는 형용사를 하나 골라주세요. (   )

① 목표지향적인

② 행복한

③ 꾸준한

④ 겸손한

⑤ 즐거운

20. 보기 중 나를 가장 잘 설명하거나 스스로 추구하는 형용사를 하나 골라주세요. (   )

① 새로움을 갈망하는

② 건강을 챙기는

③ 완벽을 추구하는

④ 사람을 좋아하는

⑤ 지혜를 사랑하는

내가 누구인지 말해주는 다섯 가지 가치 유형

테스트를 모두 마치셨다면 당신이 표시한 가치 단어를 아래 칸에 적어보시기 바랍니다.

칸에는 총 스무 개 가치 단어가 적혀 있을 겁니다. 그 단어가 당신을 얼마나 잘 설명하나요? 여기 적힌 가치 단어는 당신이 어떤 사람인지 말해주는 자원이자 강점입니다.

각 가치 단어를 당신의 이름 앞에 붙여보면서 그 단어가 얼마나 자신을 잘 설명하는지 생각해 보시겠어요? 그리고 하나씩 소리를 내어 불러보도록 합시다. 만약 위 칸에 '예술적인'이라는 가치 단어가 적혀 있고, 당신 이름이 '박지민'이라면 자신에게 이렇게 한번 되뇌어 보세요.

"예술적인 박지민, 너는 어떤 사람일까?"

위의 활동을 마쳤다면, 두 번째 과정으로 위의 단어 중에서도 가장 자신을 잘 설명하는 단어를 선별해 보기로 합시다. 스무 개의 가치를 하나씩 당신 이름에 붙여서 불러본 후, 그중에서 가장 마음에 들고 당신을 잘 설명해 주는 가치 단어 세 개를 뽑아보는 거예요. 세 개를 모두 선택하셨다면 아래에 다음과 같이 적어보시겠어요?

(가치 단어 1), (가치 단어 2) 그리고 (가치 단어 3) (이름)

예) 지혜로운, 상상력이 풍부한 그리고 예술적인 박지민이 세 단어가 마음에 든다면 여러분의 다이어리에 적어 보아도 좋아요. 혹은 당신이 가장 많은 시간 생활하는 장소에 써서 붙여 놓아도 좋습니다. 이 단어가 어울리는 자신이 마땅히 할 행동을 생각해 보고, 그중 한 가지를 오늘 반드시 실천해 보도록 합시다. 예를 들면 이렇게 스스로에게 이야기해 볼 수 있겠지요.

> "지혜로운, 상상력이 풍부한 그리고 예술적인 박지민,
> 오늘 너는 어떤 것을 해볼 거야?"

이제 가치 찾기 워크북의 마지막 단계입니다. 앞의 스무 가지 문제에서 당신이 고른 답 중 ①, ②, ③, ④, ⑤번의 총 개수가 각각 몇 개인지 한번 적어보세요.

①의 개수	②의 개수	③의 개수	④의 개수	⑤의 개수

①, ②, ③, ④, ⑤번 중 어떤 번호가 가장 많나요? 혹시 각 번호로 묶인 단어에는 서로 높은 공통성이 있다는 사실을 눈치채셨나요?

특정 번호에 유독 답변이 몰려 있다면, 여러분이 지닌 일련의 가치들에 공통성이 좀 더 강하다는 뜻입니다. 여러 유형에 비슷한 정도로 두루 체크가 되어 있다면 각 가치의 유형을 잘 조합해서 자신에게 적용해 보세요. 저는 각 번호의 가치 범주를 대표하는 한 가지 형용사를 다음과 같이 붙여 보려고 합니다.

①의 대표 가치: 독립적인

②의 대표 가치: 온화한

③의 대표 가치: 책임감 있는

④의 대표 가치: 친밀한

⑤의 대표 가치: 창의적인

이 다섯 가지 형용사를 당신 이름에 붙여 입으로 직접 말해보시겠어요? 이 가운데 나와 가장 가까운 모습이 무엇인가요? 스무 개 문항을 토대로 도출된 다섯 가지 유형의 가치 단어를 한번 모아보겠습니다.

① 독립적인	② 온화한	③ 책임감 있는
열정적인	존중하는	성실한
주도적인	사색하는	신뢰할 만한
활동적인	겸손한	몰입하는
독립적인	감성적인	깔끔한
성공을 추구하는	자연을 사랑하는	마무리를 짓는
자신감 넘치는	진실한	신중한
솔선수범하는	온화한	체계적인
리더십이 있는	따뜻한	끈기있는
유능한	섬세한	책임감 있는
결단력이 있는	영성적인	꼼꼼한
용기 있는	감각적인	질서정연한
추진력이 있는	휴식을 좋아하는	내공이 있는
적극적인	평화를 추구하는	인내심이 있는
활기찬	조용한	실속있는
영향력 있는	편안한	효율적인
야망이 큰	머무르는	규칙적인
행동하는	휴식하는	논리적인
주장하는	침착한	준비하는
목표지향적인	행복한	꾸준한
새로움을 갈망하는	건강을 챙기는	완벽을 추구하는

④ 친밀한

쾌활한

표현하는

유머러스한

융통성이 있는

인정을 좋아하는

이해하는

상냥한

대화를 잘하는

어울리는

친화력이 있는

호의적인

모임을 좋아하는

친밀한

너그러운

사려 깊은

수용하는

공감적인

베푸는

겸손한

사람을 좋아하는

⑤ 창의적인

계발하는

지혜로운

호기심 있는

긍정적인

자유를 추구하는

성장하는

전문적인

깊이 있는

창의적인

패션 감각이 있는

지적인

상상력이 풍부한

열려 있는

예술적인

기발한

모험하는

개방적인

철학적인

즐거운

지혜를 사랑하는

이제 각 범주에 놓인 가치 단어의 속성에 어떤 공통점이 있는지를 찾아봅시다. 당신이 가장 많이 선택한 가치 범주와 그 범주를 해설한 내용이 당신을 얼마나 잘 설명해 주는지 한번 살펴보시기 바랍니다.

① 독립적인

'독립적인'이라는 범주 안에는 '열정적인' '주도적인' '활동적인' '추진력이 있는' 등과 같은 단어들이 모여 있습니다. 여기엔 자신의 영향력 확대 그리고 불같은 적극성과 독립성을 중시하는 가치관이 숨어 있습니다.

따라서 유독 이 범주의 단어에 많이 체크했다면 당신은 자신만의 업을 만들려고 하거나, 자신의 힘과 터전을 확대하려는 야심이 상당히 강한 사람일 것입니다. 누군가는 당신이 고집 세고 독단적이라고 비판할 수 있습니다. 어쩌면 당신은 좋은 회사에 다니고 있음에도 삶이 우울하고 지칠 수도 있습니다. 이는 단순한 기분 탓이 아닙니다. 사자를 좁은 우리에 가두면 우울해지겠죠. 사자는 푸른 초원에 있어야 강점을 발휘하며 살아갑니다. 만약 반복적인 일상으로 당신을 가둬두고 있다면 답답하고 침울해질 수밖에요.

당신은 사업이든 전문 영역이든, 나서서 뛰어다닐 만한

무대에서 능력을 훨씬 잘 발휘한다는 강점이 있습니다. 당신은 본래 자신의 세계를 만들어 보려는 사람이기 때문입니다. 만약 안정적인 회사 생활을 하고 있으며 일하는 분야 역시 당신과 잘 맞는데도 우울한 마음이 계속된다면, 작더라도 당신 자신만의 영역을 개척해 보고 싶어서일 수 있습니다.

만약 당신이 사업가라면 어떻게 해야 경쟁사와 큰 격차를 벌릴 수 있을지 정확하게 알 것입니다. 적극적으로 리더십을 발휘하고 사업을 확장하면서 사회에 영향력을 행사하겠지요. 만약 당신이 마케팅 부서에 있다면, 사람들을 설득하고 협력을 끌어내 함께 프로젝트를 구축해 나가는 데 탁월한 재주가 있을 거예요. 즉, 당신은 성장을 위해 새로운 무엇인가를 끊임없이 발굴하고, 사람들을 모아 그 일을 해내는 데 탁월한 재주가 있을 가능성이 큽니다. 당신은 또한 에너지가 많은 사람이기 때문에 쉴 때보다 무엇인가를 쟁취하고 이겨낼 때 더 큰 보람을 느낄 수 있습니다.

만약 당신이 이런 사람이라면 당신이 이루려는 목표는 무엇인지, 당신을 가두고 제한하는 좁은 우리는 무엇인지 자신에게 질문해 보시기 바랍니다.

"당신은 무엇을 할 때 가장 가슴이 뛰나요?"

② 온화한

'온화한'이라는 범주 안에는 '머무르는' '겸손한' '휴식을 좋아하는' '감성적인' 등과 같은 단어가 모여 있습니다. 이 특성을 띤 사람은 갈등이나 극심한 경쟁 속보다는, 편안하고 조용한 내적 공간에서 깊이 숙고하며 강점을 발휘합니다.

당신이 유독 이 범주의 단어에 많이 체크했다면, 당신은 온화하고 평화를 중시하는 사람일 것입니다. 또한, 당신은 감성적인 공간과 시간을 중요하게 생각하는 사람입니다. 따라서 편안하고 아름다운 자연환경 속이나 카페와 서재 같은 공간에서 보내는 조용한 자신만의 시간이 아주 소중할 수 있습니다. 하지만 정적인 공간에 머문다고 해서 당신이 정적인 사람이라고 단정하기는 어렵습니다. 당신에겐 누구보다 풍요로운 내적 세계와 사안에 대한 깊은 통찰력이 있으니까요.

당신은 지나치게 경쟁적이고 치열하게 사는 것에 지쳐 있을 수 있습니다. 당신은 평화로운 터전을 다지며 높은 이상을 꿈꾸는 사람이기 때문입니다. 그리고 경쟁 속에서 효율적으로 무엇인가를 하기보다는, 오히려 숙고의 장이 형성될 때 더 크게 도약할 수 있는 능력이 있습니다. 최근에 많은 사람이 스트레스에 지쳐 있지요. 정신적 문제가 날이 갈수록 심해져 신체적 건강까지 위협하는 상황입니다. 당신의 최고

강점은 무엇이 진짜 행복하고 건강한 삶인지를 가장 잘 알고 있다는 점입니다. 치유, 감성, 자연, 여가와 같은 많은 사람이 꿈꾸는 분야에서 당신은 두각을 나타낼 것입니다.

누군가는 당신이 지나치게 느리다고 할지도 모릅니다. 그러나 당신은 느린 게 아니라 머무름의 미학을 좋아하는 사람입니다. 빠르게 돌아가는 우리 사회에서 당신은 작은 변화의 몸짓을 포착하는 예리한 눈을 가졌습니다. 당신이 만약 내향적이라 누군가와 만났을 때 말을 적게 한다면, 할 말이 없어서가 아니라 다른 이의 말을 들어줄 만큼 너른 마음을 지녔기 때문입니다. 당신은 작은 것에 자족할 줄 알고 평화를 사랑하는 사람입니다. 겉으로는 부드럽지만 속은 단단한 사람입니다.

당신은 치유를 중요하게 생각하는 사람입니다. 자신에게 휴식·치유·자기 돌봄을 제공하고 싶기도 하지만, 다른 사람에게도 이런 효과를 주는 공간과 시간을 제공하고 싶은 이타심이 있습니다. 만약 당신이 한적한 곳에서 카페를 운영한다면 어떻게 해야 가장 감성적이고 아름답게 그 장소를 꾸밀지를 정확히 파악할 것입니다. 무엇이 아름다운 음악이며, 디자인은 어떤 게 좋은지를 직감적으로 알겠지요. 그래서 당신 카페에 들어오는 사람은 커피의 깊은 맛과 함께 진정한 휴식을 누릴 테지요.

만약 당신이 상담 심리학을 전공했다면, 누군가를 치유하는 일에 놀라운 성과를 보일 것입니다. 그리고 다른 사람에게 균형 잡힌 삶을 형성해 주는 과정에서 높은 자긍심과 효능감을 느끼리라 생각합니다. 또한, 당신은 숙고하는 능력을 갖추고 있어서 남들에게는 어렵고 추상적으로 보이는 여러 심리학적 개념을 탁월하게 이해할 가능성도 큽니다.

"당신이 꿈꾸는 세계는 무엇인가요?
그 세계는 당신에게 무엇을 의미하나요?"

③ 책임감 있는

'책임감 있는'이라는 범주 안에는 '성실한' '마무리를 짓는' '규칙적인' '인내심이 있는' 등과 같은 단어들이 모여 있습니다. 이 가치 단어엔 무엇인가를 해낼 때 꼭 필요한 집념과 인내 같은 강점이 숨어 있습니다.

따라서 유독 이 범주의 단어에 많이 체크했다면 당신은 심사숙고하는 사람이고, 무언가를 정하면 끝까지 해내려는 집념과 의지력을 가지고 있을 것입니다. 그렇기에 정도의 차이는 있겠지만 당신은 자신의 생활에서 이미 어느 정도 성공과 성장을 이루고 있으리라 생각합니다. 삶은 결국 실행을 통해 변화하는데, 이 범주의 단어는 실제로 목표한 바를 얼마나 끈기 있게 꾸준히 하는지와 연관이 되거든요. 한마디로 '얼마나 성실한가'를 나타내는 지표라고 할 수 있겠지요. 요즘 주목받는 그릿grit이라는 개념 역시 꾸준히 밀고 나가는 힘인 끈기와 깊은 연관성이 있습니다. 많은 사람이 지능과 천재성에 관심을 두지만, 그것만큼이나 중요한 것이 바로 이 인내심, 투지, 성실성 같은 덕목입니다.

당신은 아마 어질러진 방을 잘 치울 겁니다. 삶에도 일정한 규칙이 있겠지요. 당신에겐 혼돈에 빠져도 재빨리 그것을 수습하고, 다시 질서의 세계로 나아갈 수 있는 강한 용기가 있습니다. 당신은 체계적인 전략가이자 그 전략을 실행에 옮길 줄도 아는 사람일 것입니다. 어떤 이들은 당신이 너무 완벽주의자라든지, 지나치게 경직되어 있다고 불평할지도 모릅니다. 그러나 가치를 긍정적 관점에서 해석하면 저는 당신이 그저 완벽주의자라기보다는 온전함을 추구하는 사람이라고 생각합니다. 무언가를 이루려고 결심했을 때, 당신에겐 그 일을 이룰만한 불굴의 의지와 정신력이 있을 것입니다.

또한, 꾸준히 행동하는 사람이기에 사교 모임에서 어울리거나 어떤 공상에 잠기기보다, 업무 프로젝트에 참여하거나 혼자만의 장소에서 무엇인가를 만들어 내는 일이 더 맞을 수 있습니다. 그래서 당신은 뭔가를 제작하거나 발명하는 사람, 혹은 방대한 보고서를 끝까지 완성해 내는 연구원이 될 수도 있죠. 만일 당신이 공학이나 건축학을 전공했다면 어려운 도면을 정확히 파악하고, 그 청사진을 바탕으로 자동차나 빌딩 등을 거뜬히 만들어 낼 것입니다. 당신은 이 일을 당연하게 생각하겠지만 머릿속에 든 그림을 이용 가능한 실물로 구현하는 작업은 여간 어려운 일이 아니죠. 당신은 실용성을 중시하고 겸손하며 끈기가 있으므로 적성에 따라 기술직을 선택하든, 박사 학위에 도전하든, 전문직에 종사하든 원하는 목표를 반드시 이룰 겁니다.

당신은 손재주도 좋고 혼자서도 필요한 일들을 모두 해내는 사람이지만, 그럼에도 불구하고 다른 사람이 필요할 때가 있습니다. 당신에게 가장 필요한 건 단기 목표가 아닌 장기 목적을 바라보는 유연한 시각입니다. 이미 강력한 가치를 지닌 만큼 긴 호흡으로 당신의 삶을 조망할 수 있다면, 굳은 의지로 꿈꾸는 길을 실현하고 말 테니까요. 나 혼자 그렇게 하기 어려울 땐 조금 더 먼 이상향을 바라보는 가치를 지닌 사람을 옆에 두고 진지하게 이야기해 보는 것도 도움이 됩니다. 당신이 지닌 이 가치엔 강한 운동력이 있어서, 정말 원하는 것을 찾아 명확한 목표를 세우고 나면 속도를 내어 기필코 그 목표를 쟁취하도록 해줄 것입니다.

"당신의 책이 완성되었다면
마지막 문장을 뭐라고 적고 싶나요?"

④ 친밀한

'친밀한'이라는 범주 안에는 '쾌활한' '어울리는' '공감적인' 등과 같은 단어가 모여 있습니다. 이 가치 단어 범주엔 사람, 관계, 친화성을 중시하는 가치관이 숨어 있습니다.

따라서 이 범주의 단어에 유독 많이 체크했다면 당신은 삶에서 크고 작은 의사결정을 할 때 사람을 가장 우선시할 것입니다. 예컨대 무엇을 먹으러 갈지 정할 때, 같이 있는 사람이 어떤 음식을 좋아하는지를 최우선으로 고려하겠지요. 진로 선택을 하거나 결혼을 할 때도 주변 사람이 가장 큰 영향을 발휘할 가능성이 큽니다.

당신의 가장 강력한 강점은 당신 주위에만 있어도 많은 사람이 행복해지고, 딱딱한 분위기를 따듯하게 바꾸는 마법을 쓸 수 있다는 점입니다. 그렇기에 당신은 어느 그룹에서든지 가장 큰 영향력을 행사하는 사람이 될 가능성이 큽니다. 당신은 사람들을 자신 편으로 만드는 고유한 능력을 갖춘 사람입니다. 사려 깊고 누군가를 마음 깊이 배려하는 사람이기도 하지요. 따라서 속한 공동체에서 좋은 평판을 얻고 있으리라 생각합니다. 많은 사람이 당신을 자신이 속한 공동체에 초대해 함께 시간을 보내고 싶어할 것입니다.

당신의 초점과 역량은 모두 사람을 향해 있어서, 어떻게 해야 호감을 얻을지를 깊이 고민하기도 하고 이미 호감을 얻는 법을 잘 알고 있기도 할 겁니다. 그러나 당신은 그 가치를 활용하여 리더 자리에 우뚝 서려 하지는 않습니다. 스스로 위대한 리더가 되려는 마음보다 누군가와 함께하고픈 마음과 높은 연결성을 지니고 있기 때문입니다. 따라서 당신은 기꺼이 시간을 들여 남을 위해 봉사하기도 할 것입니다. 또 소속된 공동체가 잘 될 때, 설령 당신의 공이 크다 해도 그 성과가 모두 당신 덕이라고는 말하지 않을 겁니다. 오히려 모두가 함께 열심히 해서 좋은 결과를 얻었다며 겸손하게 물러서겠지요. 반대로 공동체에 위기가 닥칠 때, 당신이 잘못한 게 아님에도 그곳을 보호하기 위해 최선을 다할 것입니다. 가족이든, 회사이든, 친구 모임이든 말이지요.

누군가는 당신을 보고 너무 착한 것 아니냐며 비아냥댈지도 모릅니다. 인생을 너무 순진하게 산다고 할지도 모르죠. 그러나 당신은 단순히 착하다기보다는 마음이 따뜻한 사람입니다. 정이 많고 사람을 깊이 아끼는 사람이지요. 당신은 누구보다 사람에게 상처를 많이 받아왔고 그 상처 때문에 아파하지만, 사람에 대한 믿음을 잃지 않는 사람입니다. 시간이 넘쳐서가 아니라, 사람들을 배려하기 때문에 또 소중하게 생각하기 때문에 사람을 위해 일하는 사람입니다. 당신은 착하기만 한 게 아니라 실제로 '좋은 사람'입니다. 즉 인간의 마음에 침투하는 강력한 능력을 갖추었지만, 그것을 선하게 활용할 수 있는 사람이지요. 할 수만 있다면 누군가를 일으켜 세우고 행복하게 하는 데 더 큰 노력을 기울일 겁니다.

당신이 선생님이라면 학생들은 최고로 인격적인 스승을 만난 것입니다. 당신이 부모라면 아이는 사회에서 어떻게 사람들과 상호작용해야 하는지를 많이 배우겠지요. 당신이 서비스 분야에 있다면 어떻게 그토록 다른 사람을 잘 매료하는지 많은 사람이 궁금해할 거고요. 당신이 경영학을 전공하고 인사과에 있다면 조직 구성원이 좀 더 행복할 수 있도록 최선을 다해 직원들에게 봉사할 겁니다. 만약 강사가 된다면 어떻게 해야 다른 사람을 사로잡고 전달력을 극대화할 수 있는지를 정확히 포착할 것입니다.

이처럼 당신은 사람을 대하는 일에 천부적인 능력을 갖

췄을 가능성이 큽니다. 영업, 서비스 등 사람을 만나고 돕는 분야에서 상당한 강점을 보일 잠재력이 있습니다.

"당신은 다른 사람에게
어떤 사람으로 불리고 싶나요?"

⑤ 창의적인

'창의적인'이라는 범주 안에는 '지혜로운' '자유를 추구하는' '상상력이 풍부한' '기발한' 등과 같은 단어들이 모여 있습니다. 이 가치 단어 범주엔 숙고하는 능력과 세상을 향한 너른 관심을 중시하는 가치관이 숨어 있습니다.

당신이 유독 이 범주의 단어에 많이 체크했다면 당신은 지혜와 지식을 추구하는 사람일 것입니다. 만약 당신의 취미가 영화 감상이라면 당신의 관심은 단순히 영화를 즐기는 데 머물지 않을 겁니다. 흥미롭게 본 영화의 배경, 상징, 이면에 숨은 메시지, 감독과 배우의 필모그래피filmography 등을 파고들겠지요.

당신은 어떤 개념을 무조건 외우기보다 그 개념이 등장하게 된 철학적 바탕에도 관심을 가질 겁니다. 당신은 지혜를 추구하고, 내적 세계의 깊이와 넓이를 모두 가지고 있는 사람입니다. 다양한 분야에 관심을 두는 동시에 한 사안에 대해 깊이 파고들 줄도 알지요. 당신은 늘 좀 더 다채로운 경험을 꿈꿀 것입니다. 당신은 생생한 사람이며, 주목받기를 좋아하는 동시에 유머러스한 면모가 있어서 그만큼 많은 사람에게 좋은 영향을 줍니다. 많은 이가 다재다능한 당신을 보며 지적인 면을 높게 평가하리라 생각합니다.

누군가는 당신을 이상만 높은 나머지 현실적이지 못한 사람이라고 할지도 모릅니다. 그러나 당신은 그저 꿈만 꾸는 몽상가가 아닙니다. 만약 당신이 그리는 세계를 현실에서 구현하기가 아득하다면 다른 방식을 추구해 볼 수도 있습니다. SF 판타지를 좋아하는 사람이라면 상상 속의 내용을 조금씩 그려보거나 적어볼 수도 있겠지요. 다른 사람들이 쉽게 눈치채지 못하는 지점을 발견했다면 그것이 무엇인지를 표현해 볼 수도 있습니다. 이 가치를 선택한 당신은 높은 예술성과 창조성을 가지고 있을 가능성이 큽니다. 당신이 예술가라면 다른 사람이 쉽게 보지 못하는 영역을 작품으로 변모해내는 역량이 있을 겁니다. 당신이 만약 작가가 된다면 매력적인 서사로 많은 독자에게 새로운 감동을 선사하겠지요. 그만큼 당신의 예술성과 서사에 대한 안목은 뛰어납니다.

당신은 구조화되고 반복적인 일을 그 누구보다 싫어하

지만, 그 점은 다시 말하면 좀 더 자율적인 환경이 조성될 때 억압되었던 상상력을 발휘할 수 있는 사람이라는 뜻입니다. 세계는 닫힌 공간이 아니라 모험의 기회가 열린 곳이기에 당신은 자신과 세계와 미래에 개방적 태도를 보입니다. 자유를 사랑하고 상상력이 풍부하며, 흥미까지 다양한 당신은 세계 트렌드를 누구보다 잘 포착할 가능성이 크기도 합니다. 앞에서도 말했지만 현대 사회는 그 어느 때보다 빨리 변화하고 있으니, 당신의 높은 유연성과 예술성, 창의성은 물 만난 고기처럼 자신의 역량을 발휘할 준비를 하고 있을 것입니다.

"당신은 어떤 모험을 꿈꾸고 있나요?"

사람을 움직이고 삶을 바꾸는 힘

우린 지금까지 당신이 무엇을 좋아하고 가치 있게 생각하는지를 찾아보았습니다. 흥미의 네 가지 기둥을 살펴보았고, 좋아하는 것을 찾는 일곱 가지 질문에 답하기도 했습니다. 가치 찾기 워크북을 통해 자신의 가치를 찾아보고, 그 가치에 나타난 당신의 강점도 함께 살펴보았습니다.

다시 말하지만 각 가치의 영역은 복합적으로도 나타날 수 있습니다. 예컨대 당신이 '독립적인' 유형과 '창의적인' 유형에 속한 가치 단어를 비슷한 정도로 선택했고, 예술 관련 일을 하고 있다고 가정해 볼까요? 당신이 꿈꾸는 일은 순수 예술보다는 예술을 통한 어떤 기업 운영, 영역 확장일 가능성이 큽니다. 만약 '독립적인'과 '창의적인' 유형뿐만 아니라 '친밀한' 유형에 있는 가치 단어까지 비슷하게 체크했다면 이 세 가지 유형을 모두 연결해 보시기 바랍니다. 그리고 당신이 가장 열망하는 것이 무엇인지를 한번 상상해 보세요. 이런 경우, 대중과 소통하는 예술가가 되어 자신의 사업을 키워내고 싶을 수도 있습니다. 예를 들자면 '엔터테인먼트 회사 설립'이나 '체험형 드로잉 스쿨 설립' 등이 이와 같겠지요.

지금까지 한 모든 과정은 우리 내면에 있는 나침반의 두 가지 축 중 하나인 '좋아하는 것'을 찾아보기 위한 일이었습니다. 이만큼이나 많은 지면을 활용하고 각종 질문과 테스트까지 거친 이유는 '좋아하는 것에서 출발하기'가 그만큼 중요하기 때문입니다. 우리는 호기심과 흥미가 있어야 움직이게 마련이거든요.

우리를 움직이는 가장 강력한 힘은 바로 '동기'입니다. 그 동기란 맛있는 음식일 수도 있고, 여행지일 수도 있고, 당신이 즐기는 취미활동일 수도 있습니다. 물론 좋아하는 사람일 수도 있지요. 당신이 가장 중요하게 생각하는 가치관일 수도 있고요. 당신이 실현하고자 하는 어떤 목표일 수도 있죠. 그 어떤 것이든 동기란 당신의 본질과 가깝습니다. 아침이 시작될 때 가장 먼저 해야 하는 것, 가장 많은 시간을 투입해 몰입할 것은 '동기'로부터 비롯합니다.

그런데 나침반에는 한 가지 축이 더 남아 있죠. 바로 '잘하는 것'입니다. 이 축을 찾는 작업은 여태까지 했던 과정보다 오히려 쉽습니다. 우리는 이미 많은 작업을 해왔거든요. 자, 다음 장에서 당신이 '잘하는 것'을 찾는 방법을 같이 알아보겠습니다.

4

확실히 '잘하는 일'은 어떻게 만들까?

경험: 나의 가능성을 실현하는 '계획된 우연'을 찾아서

“

내가 좋아하는 것을 풍성하게 경험하고,

좋아하는 것에 둘러싸인 환경을 찾아가고,

나와 흥미가 같은 사람을 자주 만나다 보면,

나에게 맞는 ‘우연한 기회’를 만날 확률이 늘어납니다.

”

꿈에 그리는 직업을 가져도, 삶은 계속된다

저는 운이 좋게도 운동선수, 음악가, 법률가, 기술자, 사업가 등 다양한 직업에서 상당한 전문성을 발휘하는 사람을 여럿 만나 이야기할 기회가 있었습니다. 그리고 저는 그들이 크게 두 유형으로 나뉜다는 사실을 발견했습니다.

첫 번째 유형은 자신이 이미 그 분야에서 최고로 잘한다고 생각하는 유형입니다. 이들은 실제 실력도 좋지만, 자의식이 지나치게 강해서 원래 갖춘 능력보다 더 실력을 부풀려서 이야기하기도 합니다. 그러나 스스로가 최고라고 생각할 때 도사린 함정이 하나 있는데, 바로 이미 전성기에 도달했다고 느끼기 때문에 더는 발전이 없다는 점입니다. 산 정상에 오른 이후엔 내리막길만 있듯이 말이죠. 그리고 높은 산이 골이 깊듯 그 이후엔 급격한 상실과 쇠퇴가 이어집니다. 자신을 정점으로 생각할수록 그 쇠퇴의 속도는 빨라집니다. 그 어떤 찬란한 문화권도, 천재도, 영웅도 이런 슬럼프를 피하지는 못했습니다.

두 번째 유형은 이미 잘하고 있는데도 끊임없이 더 배우려는 유형입니다. 이들은 정말로 무서운 사람들입니다. 저는 어떤 분야에서 이미 대가로 인정받는 교수님 한 분을 알고 있습니다. 저보다 훨씬 나이도 지긋하고 학문적 업적이나 통찰력이 비교할 수 없는 분이죠. 그러나 이 노교수님은 저를 만나면 항상 이렇게 말씀하십니다.

"그 이야기가 참 흥미롭군, 좀 가르쳐 주겠나?"

저에게만 그러는 것이 아닙니다. 동료 교수, 박사, 심지어 학생에게도 그렇게 말씀하십니다. 이야기를 다 들은 후에는 "오늘 내가 이런 부분을 배웠네"라며 진지하게 성찰하시기도 합니다.

전성기가 아직 오지 않았다는 사실은 우리를 여유롭게 만듭니다. 만일 내가 이미 챔피언이라면, 이겨야 본전이고 지면 챔피언 벨트를 빼앗기고 말겠지요. 그러나 내가 도전자 입장이라면 져도 본전이고 이기면 벨트를 가져올 수 있습니다. 두 번째 유형에 있는 사람들은 여전히 도전자입니다. 그들은 충분히 잘하면서도, 더 잘하려고 나아가는 중이죠.

당신은 어느 쪽에 속하나요? 저는 일단 두 유형 모두 아닙니다. 최고도 아닌 데다가, 아직 제 분야에서 충분히 잘하지도 못하니까요. 다만 바로 그 점 때문에 굳이 분류하자면 두 번째 유형에 가깝습니다. 저는 부족하므로 늘 더 배우려고 합니다. 자신이 부족하다고 생각하는 건 결코 자학이 아닙니다. 부족함을 느낀다는 것은 여전히 목이 마른다는 뜻이고, 무엇인가를 채우려는 의지의 발로입니다. 한 번에 많은 것을 채울 필요는 없습니다. 넉넉한 태도로 일상 속에서 조금씩 부족한 점을 채워나가는 기쁨을 느낄 수 있다면 충분합니다.

우리가 기꺼이 두 번째 유형이 되기를 선택한다면 실패는 어쩌면 당연합니다. 당신과 저는 아직 챔피언이 아니므로 본격적인 무대 위에 서지 못했습니다. 지금은 그 무대를 위해 열심히 예행연습을 하는 중이죠. 그러니 얼마든지 실패해도 괜찮습니다. 내 전성기는 아직 도래하지 않았으니까요.

탁월함의 씨앗은 어디에 있을까?

저는 사람들에게 '잘하는 것'에 집착하지 말고 '잘할 수 있는 것'에 집중하기를 권합니다. '잘할 수 있는 것'은 정말 잘하는 것은 아닙니다. 아직 실현되지는 않았지만 잘할 가능성이 있는, 소위 '떡잎이 보이는' 것이죠. 그런 의미에서 저는 이제부터 나침반의 두 번째 축인 '잘하는 것'을 '잘할 수 있는 것'으로 바꿔서 이야기해 보려고 합니다.

우리가 가능성을 성취하는 수단은 바로 '배움'입니다. 삶이란 본질적으로 배움의 연속입니다. 우리는 '확보'하는 존재라기보다는 '근접'해가는 존재입니다. 설령 꿈에 그리던 직업을 갖게 되었다고 하더라도 삶은 거기서 끝이 아닙니다. 직업은 내가 가진 이상에 근접하기 위한 중간 단계에 불과합니다. '나는 여전히 목마르다, 더 비상하고 싶다'라는 각오와 투지는 좌절을 견디게 해주고 실패를 극복하게 합니다. 비록 오늘 졌어도 내일 다시 도전해 볼 수 있으니까요. '성장하는 과정에 있다'라는 이 믿음은 바로 '잘할 수 있다'라는 가능성을 인식할 때 생겨납니다.

그렇다면 우리는 어디서 '잘할 수 있는 것'을 찾아야 할까요? 이 질문에 답하기 위해 먼저 '잘하는 것'이 무엇이었는지 되짚어 봅시다. '잘하는 것'이란 명백히 외부에 드러난 것입니다. 객관적으로 '잘한다'라고 평가받아야 하고 다른 사람들보다 확실히 우위를 점해야 하죠. 나 혼자 잘한다고 평해서 되는 일이 아닙니다.

그러나 '잘할 수 있는 것'은 아직 가능성으로 존재합니다. 아직 바깥으로 드러나지 않았으니 계발할 시간이 남아 있죠. 그러므로 '잘할 수 있는 것'은 어디까지나 나의 내부에 있습니다. 또한, 완벽하게 측정하기 불가능하며, 오직 어제보다 오늘 얼마나 더 성장했는지를 살펴볼 수 있을 뿐입니다. 이런 가능성을 감지하기 위해서는 주의 깊게 관찰하고 섬세하게 탐색해야 합니다. 작은 떡잎을 보려면 눈을 부릅뜨고 찾아봐야 하니까요.

우리 내부에 있고, 나의 관점이 최우선인 것이라… 무엇이 떠오르시나요? 바로 앞서 우리가 같이 살펴봤던 '좋아하는 것'의 특징이기도 합니다. 사실 '잘할 수 있는 것'과 '좋아하는 것'은 별개가 아닙니다. '좋아하는 것'을 할 때 그 안에서 '잘할 수 있는 것'이 보이기 시작하지요. 가능성이란 내가 깊은 흥미를 두고 있는 옹달샘으로부터 자라납니다. 많은 흥미 중에서 단순한 취미나 여가활동을 넘어 좀 더 탁월해질 싹이 보이는 가능성을 '잘할 수 있는 것'이라고 부릅니다. 이처럼 나침반의 두 가지 축은 모두 나의 내면에 숨어 있습니다.

좋아하는 것이 잘하는 일로 바뀌는 '티핑 포인트'

많은 내담자가 자신이 좋아하는 것과 직업으로 하는 일이 동떨어져 있어 우울하다고 털어놓습니다. 그런데 한번 생각해 볼까요? 직장이란 원래 내가 원하는 일을 하는 곳이라기보다는 상대가 원하는 일을 하는 곳입니다. 회사는 보통 고객이 원하는 것을 해주며 이익을 내고, 그 업무를 수행하기 위해서 돈을 주고 직원을 고용합니다.

이렇듯 직업이란 기본적으로 고객의 수요에 맞추어 무언가를 공급하는 역할을 하는 데 특화되어 있습니다. 어딘가에 고용되는 순간, 내가 원하는 것이 아닌 고객이 원하는 것의 공급처 역할을 부여받을 가능성이 매우 큽니다. 반대로 말하자면 내가 좋아하는 것이 그만큼 도외시될 수 있는 곳이 바로 직장입니다. 꼭 직장인이 아니라, 프리랜서나 자영업자라고 해도 마찬가지입니다. 어느 종류의 일이든 그 일은 내 희망보다는 고객의 희망에 따라 움직입니다.

이건 비극입니다. 나는 내가 원하는 인생을 살고 싶은데, 정작 내 일상을 가장 많이 채우는 직장 생활은 원하는 것과 동떨어져 있으니까요. 그래서 많은 사람이 자신이 더 좋아하는 것 또는 나아가고 싶은 방향성을 발견했을 때, 퇴직을 고민하기도 합니다. 그러나 내가 좋아하는 것을 직업으로 삼고자 한다면 단순히 좋아하는 걸 넘어 실제로 잘해야 합니다. 문제는 내가 어떤 일을 좋아한다고 하더라도 그것을 잘한다고 평가받기란 매우 힘들다는 사실입니다. 그리고 '좋아하는 것'들은 대부분 취미로는 적합하지만, 아주 예외적인 경우를 제외하고는 직업이 되기는 보통 힘듭니다.

그럼 어떻게 하면 될까요? 무조건 참고 다녀야 하냐고요? 제가 분명히 말씀드릴 수 있는 것 하나는 급격하게 길을 바꾸거나 조급하게 선택하면 보통 후회하게 된다는 점입니다.

100퍼센트 싫은 일이란 없습니다. 직장 내에서 당신이 싫어하는 것들을 가려내 보면, 그리고 그중에서도 가장 싫은 것을 손꼽아 보면 자신이 가장 힘들어하는 점이 무엇인지 발견할 수 있을 겁니다. 직장이 내 맘대로 되는 건 아니지만 내가 바꿀 수 있는 점이 아예 없는 것도 아닙니다. 할 수 있는 범위 안에서 가장 싫어하는 일과는 거리를 두고, 또 가장 괜찮은 일은 무엇인지를 발견해 보시기 바랍니다. 예를 들어 지금 직장에서 담당하는 어떤 특정한 역할이 마음에 안 든다면, 조금씩 역할을 조정하여 내가 더 좋아하는 역할로 바꿔나가 볼 수 있겠지요.

그런데도 이 업종이 정말 안 맞는 것 같다면 어쩌면 좋을까요? 그만두고 싶은 마음으로만 가득하다면요. 그런 상황이라도 저는 대안이 없다면 급히 직장을 그만두는 건 반대하는 편입니다. 내게는 실력을 쌓을 시간이 필요하고 직장은 당장 생활할 자금을 주니까요. 직장 생활이 정말 싫다면 남는 시간을 최대한 확보해 보세요. 예컨대 경쟁적인 부서 대신, 월급은 적더라도 나만의 시간을 활용할 수 있는 부서로 전환할 수 있겠지요. 그리고 남은 시간 동안 내 역량을 계발하는 겁니다. 앞에서 저는 '좋아하는 것'만으로는 삶을 꾸려나가기 어렵다고 말했습니다. 그러나 그중에서 '잘할 수 있는 것'을 본격적으로 계발하기 시작할 땐 이야기가 다릅니다.

가능성을 실현하는 데 필요한 두 가지

'좋아하는 것'과 '잘할 수 있는 것'은 뿌리가 같지만, 등가 개념은 아닙니다. 좋아하는 것은 취미 수준으로도 충분하지만 잘할 수 있는 것은 남들보다 확실히 앞서야 합니다.

미국인이 존경하기로 손꼽히는 인물이자 100달러 지폐에 초상이 새겨진 벤저민 프랭클린(1706~1790)은 여러 분야에서 두각을 나타낸 사람입니다. 정치가로 가장 유명하지만, 사업이나 발명 등 다방면으로 재능을 보였습니다. 비가 오는 날 연을 날리면서 실험한 끝에 피뢰침을 발명한 인물로도 많이 소개되지요. 잘 알려지지는 않았지만, 그는 하프·바이올린·기타도 꽤 잘 다뤘으며 심지어 작곡가로 활동하기까지 했습니다. 이처럼 미국 최고의 지성인으로 꼽히는 프랭클린의 취미가 무엇이었는지 혹시 아시나요?

프랭클린의 취미는 체스였습니다. 무려 50년 동안 거의 매일 체스를 둘 만큼 좋아했다고 합니다. 체스를 하며 쌓인 전략을 짜고 흐름을 읽는 통찰력이 그의 업적에 도움이 되었을 수는 있습니다. 그러나 정작 체스 실력 자체는 일반인보다 좀 나은 수준이었다고 합니다. 프랭클린처럼 입지전적 인물도 그 정도였는데, 보통 사람이 어떤 일을 취미로만 해서는 그 분야에서 아주 많이 잘하기란 몹시 어렵겠지요.

저는 어린 시절부터 탁구를 좋아했고 꽤 잘 쳤습니다. 다른 운동을 못 하는 저는 친구들이 축구나 농구를 할 때면 풀이 죽었지만, 탁구를 할 때만큼은 어깨가 펴졌습니다. 어느 날 저는 친한 친구 F와 탁구를 하게 되었습니다. F는 탁구를 이제 막 시작한 터라 당연히 제 상대가 되지 않았죠. 저는 우쭐해서 여러 화려한 기술을 동원해 서브도 하며 실력을 뽐냈습니다. 그러나 제 오만은 나중에 재앙이 되었습니다. F가 약이 올랐는지 갑자기 탁구를 제대로 배우겠노라고 선언한 겁니다.

그러고 나서 딱 두 달 정도 뒤에 놀라운 일이 일어났습니다. F가 저를 가뿐히 이기기 시작한 겁니다. 제가 아는 꼼수와 기술을 아무리 총동원해도 F를 이길 수 없었습니다. F는 제가 도저히 받을 수 없는 드라이브를 뽐내며 계속 저를 놀려댔지요. 그 이후 F의 탁구 실력은 점점 발전해서 이제 저는 이길 엄두조차 못 내는 수준이 됐습니다.

저는 탁구를 그냥 취미로 생각했습니다. 그래서 아버지에게 처음 기본 기술을 배운 뒤엔 몇 년 동안 제 방식대로 연습하며 치고 있었죠. F는 탁구를 아주 잘 치는 선생님에게 두 달 동안 특훈을 받았습니다. 탁구에 투자한 시간만 따지면 F보다 제가 압도적으로 많다고 확신합니다.

F와 저의 차이점은 무엇이었을까요? 바로 F는 '학'과 '습'의 과정을 거쳤다는 점입니다. '학'이란 무언가를 배운다는 뜻입니다. 그리고 '습'이란 배운 점을 자신의 것으로 만드는

과정입니다. F는 탁구에 능통한 선생님을 따로 찾아가 배우고, 배운 기술을 자신의 것으로 만드는 몰입의 과정을 거쳤습니다. 그리고 두 달 만에 완전히 다른 사람이 되어 저를 이기기 시작했습니다. 주의 깊은 학습의 힘으로 단순한 취미 수준을 확실하게 넘어선 것입니다.

이처럼 좋아하는 것을 잘하는 일로 만들기 위해선 시간 외에도 두 가지가 더 필요합니다. 바로 전문가에게 배우고, 그 배운 점을 자신의 것으로 만드는 과정입니다. 좋아하는 것을 계속하다 보면 꽤 잘하는 수준은 됩니다. 그러나 정말 잘하기 위해선 너른 호흡 속에서 꾸준히 그것을 연마해 나갈 필요가 있습니다.

그러니 '좋아하는 것'을 발견했다고 해서 갑자기 원래 직업을 그만두는 건 좋은 선택이 아닙니다. 물론 좋아하는 것 속에 '잘할 수 있는 것'이 있지만, 어디까지나 가능성일 뿐입니다. 가능성을 현실로 바꾸려면 주의 깊은 배움, 지속적인 연습, 도약하고 몰입할 수 있는 시공간이 필요합니다.

이 모든 일을 가능케 하는 것은 바로 시간입니다. 전문성은 단번에 생겨나지 않습니다. 전문성은 시간을 투자해 서서히 쌓아 올려야 합니다. 만약 내가 수십 년 동안 음악을 즐겼다고 하더라도, 정말로 그 분야를 잘하기로 마음먹었다면 태도 자체를 바로잡아야 합니다. 그때부터는 누워서 음악을 듣기만 하는 게 아니라 학생이 된 마음으로 최선을 다해 음악에 정진해야 하죠.

조용하지만 강한 '부캐'를 키우자

그럼 다시, 생계 탓에 직장을 다니고는 있는데 그곳이 도저히 마음에 안 드는 경우로 돌아가 볼까요? 만약 당신이 직장에 다니던 중 좋아하는 것을 찾았다면 어떻게 해야 할까요? 일하지 않고도 삶을 꾸려나갈 만한 충분한 재력이 있다면 모르겠지만, 그게 아니라면 일단 직업을 유지하는 편이 좋습니다. 그리고 일을 마치고 난 뒤 일정한 시간을 정해 당신이 정말로 하고 싶은 것을 이루기 위한 '리추얼'을 실행해 보도록 합시다. 자기만의 공간과 시간 속에서 꿈꾸고 상상하는 것들을 조금씩 구현해 나가는 순간이죠.

당신이 정말 좋아하는 것이 글을 써서 이야기를 만드는 일이라면, 일단 일정한 시간을 정해서 동경하는 작가의 글을 읽어보기도 하고 작은 습작 노트에 글을 적어보기도 할 수 있겠지요. 좋은 문장을 쓰는 법을 배우고, 유명한 이야기의 서사 구조를 당신이 상상한 내용에 대입해 보면서 골자를 만들어 보는 겁니다. 요즘 유행하는 '부캐(부캐릭터副Character의 준말로, 본업과 별개로 둔 부업을 일컫기도 한다)'를 키우는 과정인 셈이죠. 그 과정은 다소 고통스럽지만, 그 과정에서 점점 성장한다는 느낌은 강한 동기를 줄 터입니다. 충분히 성장하고 능숙해져 임계점을 넘은 순간 당신에겐 더 너른 세계가 열릴 것입니다.

예전만 해도 직역이 확실히 나뉜 분야가 많았고 한 직업을 꾸준히 해야만 한다는 인식이 있었습니다. 그러나 지금은 직역의 경계가 아주 많이 희미해졌습니다. 분야 간 융합과 통섭이 중요한 가치로 떠오르고 있습니다. 현대 사회에서는 '주캐(주캐릭터主Character)'와 '부캐'가 얼마든지 역전됩니다. 어떤 사람은 교수를 하다가 유튜버가 됩니다. 또 유튜버가 가수가 되기도 합니다. 가수가 작가가 되고, 작가가 특허를 내고 발명을 하기도 합니다. 이처럼 직업의 경계는 흔들리고 있습니다. 서로 다른 직업이 통합되며 시너지를 발휘할 수도 있고요.

더 나아가 우리가 임계점을 넘어 '정말로 잘하게' 될 때 삶에는 완전히 다른 현상이 일어납니다. 앞에서 단순히 좋아하는 것들 가운데 업으로 삼을 만한 것은 별로 없다고 말했었지요? 직업이란 보통 고객의 수요를 맞춰야 하니까요. 그러나 당신이 어떤 분야든 정말 잘하게 됐을 때, 사람들은 당신에게 모여들기 마련입니다.

만일 당신이 피자를 정말로 잘 만든다면 아무리 멀어도 사람들은 찾아올 겁니다. 당신이 자동차를 고치는 데 환상적인 능력을 갖추고 있다면 이때 역시 소문이 퍼지고 손님들이 몰려들겠죠. 이 지점부터는 공급에 따라 수요가 붙기 시작합니다. 이것이 바로 새로운 '업'의 출현입니다. 자본과 사회적 명예를 움직이는 주체는 결국 사람이기에, 사람들이 모이는 곳에서는 새로운 가치가 생겨나기 마련입니다.

또한, 당신이 어떤 직업을 가졌든 그 분야를 정말 좋아하고 잘하게 될 때, 그 안에서 더 크고도 참된 나의 모습을 발견할 수 있습니다. 만약 당신이 진정으로 학생에게 좋은 영향을 주고자 하는 선생님이라면, 언젠가 그 바람이 이뤄진 모습을 발견하게 될 것입니다. 당신이 공정하고 정의로운 판사가 되고자 한다면, 정말로 그 길을 뚜벅뚜벅 가고 있는 자신의 모습을 보게 될 것입니다. 당신이 편안한 의자를 만드는 게 목표인 가구 제작자라면, 사람을 편하게 만드는 게 무엇인지 꿰뚫은 전문가가 되겠지요. 이처럼 어떤 일을 잘 수행하는 걸 넘어서, 그 일로 사회에 이바지하게 될 순간이 오게 됩니다. 그 변곡점이 바로 임계점입니다.

쌓아온 역량을 폭발시키는 순간

물은 99도까지는 끓지 않습니다. 그러나 딱 1도가 더 올라가 100도에 달하면, 요동치며 기체가 되어 상승하기 시작합니다. 이런 현상을 맬컴 글래드웰(1963~)은 '티핑 포인트tipping point'라고 불렀습니다. '티핑 포인트'란 그동안의 보이지 않던 변화가 응축되어, 일순간 폭발하는 지점을 뜻합니다.

살다 보면 어떤 기회를 만나는 순간이 옵니다. 그러나 당신이 전혀 준비되어 있지 않다면 그 기회는 사라지고 맙니다. 심지어 기회가 와도 기회인지도 모르고 지나칠 때가 많습니다. 그러나 만약 당신이 이미 응축된 힘을 가진 상태에서 기회가 온다면 어떨까요? '티핑 포인트'가 시작되듯이 갑작스럽게 여러분의 역량이 발현될 기회가 생깁니다.

이때 우리는 크게 성장하게 됩니다. 이 성장을 '자기실현self-actualization'이라고도 일컫습니다. 자기실현이란 진정한 자신이 되려는 경향, 그 열망이 실현되고 있는 상태를 뜻합니다. 자기실현이란 단순히 돈을 벌고 명예를 얻는 게 아닙니다. 오히려 자신의 가능성을 발현하고 실현했다는 성취감에 더 가깝습니다.

그동안 당신은 정말 간절히 하고 싶은 일을 꾸준히 연마해 왔을 것입니다. 실패도 경험했지만, 포기하지 않고 끝까지 도전하면서 실력을 쌓았죠. 그 응축된 역량은 기회라는 물결을 만나면서 갑작스러운 힘을 발휘하기 시작합니다. 나만의 춤을 선보일 수 있는, 내 무대에 오른 순간입니다. 당신은 갑자기 정적인 존재에서 동적인 존재로 탈바꿈합니다. 무미건조한 일상을 넘어 예술가로 변모합니다.

우리는 갑자기 다른 존재가 되어버립니다. 그러나 그 존재가 낯설지 않은 까닭은, 그 모습이야말로 이제야 되찾은 나의 본질이기 때문입니다.

소소한 탁월함을 크게 키워내려면

여러분은 혹시 살면서 누군가에게 '탁월하다'라는 칭찬을 들어본 적이 있나요? 저는 인간에게 할 수 있는 최고의 찬사가 바로 '탁월함'이라고 생각합니다. 그래서 저는 아이를 키우는 부모에게 아이가 무엇인가를 잘했을 때, "너 참 탁월하다"라는 표현을 하도록 돕습니다. 이 표현은 아이의 자존감을 올려주는 건 물론, 내면의 뿌리를 강하게 만들고 더 큰 성장을 이루도록 격려해 줍니다.

'탁월하다'라는 말은 평범하지 않고 비범하다는 의미입니다. 남들과 비교할 때 어떤 격차가 분명히 나타난다는 뜻이죠. 처음에는 그 격차가 눈에 띄게 크지 않더라도, 더 많이 노력을 보태면 격차는 초격차로 발전하기 시작합니다.

저는 이 '탁월함' 역시 '좋아하는 것' 속에서 발견할 수 있다고 생각합니다. 이 점을 알아보기 위한 간단한 활동 예시를 들어볼게요. 먼저 노트를 펴서 왼편에 당신이 좋아하는 것을 쭉 적어보시기 바랍니다. 지금까지 우리가 거쳐온 작업에서 발견한 좋아하는 것을요. 그리고 방금 적은 일들을 바로 그 순간부터 현실에서 작게나마 실행해 보도록 합시다. 이 활동을 하면 '좋아하는 것' 중에서도, 당신이 특히 '탁월함'을 보이는 부분이 무엇인지 찾을 수 있을 겁니다. 그것을 노트 오른편에 적어봅니다.

노트 왼편에 적힌 것은 당신이 '좋아하는 것'이고, 오른편에 적힌 것은 당신이 '잘할 수 있는 것'입니다. 오른쪽에 있는 것은 당신이 미세하게라도 '탁월함'의 작은 떡잎을 발견한 부분이죠. 그 떡잎이 보이는 분야에 시간을 들여 집중해 보시기를 권합니다. 가능성이 현실로 바뀌는 변곡점은 바로 여기에 있습니다.

자기실현은 또 다른 자기실현으로 이어진다

당신이 앞에서 '친밀한'이라는 가치 단어에 체크를 했다고 가정해 볼까요? 당신은 사람을 좋아하고, 그 점을 현실에서 구현해 볼 수 있는 활동은 '친구를 만나는 것'입니다. 친구를 만나 대화하면서 당신이 어떤 주제에 흥미를 느끼는지

천천히 생각해 보세요. 당신은 친구의 말을 경청하고 공감하는 역량이 있습니다. 그 과정에서 보람을 느끼기도 합니다. 당신은 성격이 다양한 사람들과도 대체로 무난하게 잘 지냅니다. 그러다가 누군가가 당신에게 말합니다. "너는 사람들 이야기를 참 잘 들어줘." "너와 대화하면 마음이 편안해."

여기서 '탁월함'의 떡잎이 보이기 시작합니다. 알고 보니 당신이 그동안 샀던 책 중 가장 재미있게 본 내용은 거의 다 심리에 관한 것이었습니다. 당신은 자신과 상대의 마음을 이해하는 데에 관심이 많습니다. 좀 더 나은 방식으로 다른 사람들과 상호작용할 수 있다면 좋은 세상이 될 것 같다고도 생각합니다. 이렇게 '친밀한'이라는 가치 단어를 구체적으로 실행하는 과정에서, 당신은 자신에게 '누군가와 깊은 대화를 하는 능력'이 있다는 걸 깨닫습니다. 그리고 '심리학'과 '상담학'에 관심이 생깁니다.

당신은 이제 심리 관련 대중서뿐 아니라 기초 전공서도 사서 읽어봅니다. 현직에 있는 숙련된 상담심리사를 찾아서 궁금한 것들을 물어보기도 합니다. 연봉처럼 현실적인 부분부터 어떤 역량이 필요한지 또 일의 보람과 의미는 무엇인지도요. 무엇보다 그런 일을 하는 인생이 어떤 삶인지 진지하게 들으면서 당신은 무엇인가 가슴 한편이 뜨거워지는 걸

느낍니다. 진지하게 공부를 좀 더 해보고 싶은 마음이 들기 시작합니다.

당신은 학부를 마치자마자 취업을 선택했지만, 늘 대학원에서 공부해 보고 싶다는 막연한 생각이 있었습니다. 그런데 이제 대학원에서 어떤 공부를 하고 싶은지를 확실하게 발견한 것입니다. 잘 찾아보니 직장을 다니면서 다닐 수 있는 대학원도 있습니다. 대학원에 입학하기 위해 공부하며 당신만의 '티핑 포인트'를 착실히 준비해 나갑니다. 하나의 '자기실현'은 또 다른 '자기실현'으로 이어지고, 계속 연쇄반응을 일으키며 당신에게 다른 인생을 선물해 줍니다.

빠르게 성장하는 사람들의 공통점

저는 대학원에 다니는 상담심리사를 많이 알고 있습니다. 그들을 감독하거나 지도하기도 하고, 심지어는 그들을 대상으로 직접 심리상담을 진행하기도 합니다. 그래서 그들의 변화 과정을 바로 곁에서 목격해 왔습니다. 그중에서는 정말 잘하는 사람들이 있습니다. 같이 시작했는데도 1년 만에 눈부시게 성장해 다른 사람이 됩니다.

그 변화는 어디에서 올까요? 상담 분야는 재능이 매우 중요하다는 평이 많습니다. 특히 인간에게 공감하는 능력은 기질과 성격에 많은 영향을 받는데, 상담사에게는 이 능력이 매우 중요하거든요. 그러나 제가 실제로 몇 년에 걸쳐 관찰한 바에 따르면 재능보다 훨씬 중요한 요인이 있었습니다. 그것은 바로 '강한 동기'입니다.

강한 동기가 있는 사람은 태도 자체가 다릅니다. 배운다는 각오도 남달라서 한번 시작하면 빠르게 성장합니다. 상담 분야는 처음에는 상대적으로 문턱이 낮아 보입니다. '사람 만나서 이야기 잘하면 되는 거 아니야?'라며 가볍게 생각하는 사람도 있습니다. 그러나 인간을 대하는 직업은 원래 가장 난도가 높은 영역에 속합니다. 과학적 엄밀함도 필요하지만, 본질적으로 깊은 예술성을 겸비해야 하거든요.

게다가 많은 내담자는 '심리적 호소'와 함께 좀 더 나은 삶을 위한 '변화'를 기대합니다. 그러나 인간의 삶에 작은 변화라도 만들어 내는 일만큼 어려운 일이 없습니다. 따라서 숙련된 상담사가 된다는 건 정말 힘든데, 강한 동기를 지닌 사람들은 그 어려운 일을 해냅니다. 제가 지도한 분 중에서도 초보 상담사에서 숙련된 상담사로 변모한 분들에겐 모두 강한 동기가 있었습니다.

모두에게 이런 동기가 있는 건 결코 아닙니다. 소위 최상

위 대학원에서도 강한 동기와 더불어 깊이 몰입하는 능력을 갖춘 사람을 찾기란 사실 어렵습니다. 대학원이 그런 상황이라면 대학교에는 얼마나 드물까요. 그저 누군가 가니까, 취업이 안 되니까 대학원에 가겠다는 동기는 큰 힘을 발휘하기 힘듭니다. 이런 경우에는 업계 상황이 어려울 때, 뭔가 내가 남들보다 못하고 있는 것 같을 때, 의지가 꺾이기 일쑤입니다. 그러나 방금 든 예처럼 자신이 정말 좋아하는 것과 잘할 수 있는 것을 깊이 고민한 후 대학원에 들어온 사람은 태도가 다릅니다.

어렸을 때, 저는 책을 좋아했습니다. 수많은 책 중 특히 '이야기'를 담은 소설을 가장 좋아했지요. 그리고 그중에서도 관심이 갔던 부분은, 거대한 전체 서사 구조보다는 등장인물 개개인의 이야기였습니다. 저는 책에 나오는 인물이 왜 어떠한 행동을 하는지 알아가는 과정을 즐겼습니다. 누군가의 자서전을 읽는 것도 참 좋아했습니다. 소설을 읽고 나면 그 소설을 쓴 저자가 어떤 맥락에서 이 책을 집필했는지 궁금해지기도 했습니다. 그 작가의 삶을 알아보고 싶기도 했지요.

게다가 저는 공부를 잘하지는 못하지만, 공부를 잘하는 사람과 대화하는 건 좋아합니다. 운동을 잘하지는 못하지만, 운동을 잘하는 사람의 이야기를 듣는 것을 좋아합니다. 저는 제가 진정으로 좋아하는 일은 '누군가의 이야기를 듣는 것'임을 발견하게 되었습니다. 누군가의 이야기를 들을 때면 저절로 즐거워져서 업무로 느껴지지 않습니다. 제 앞에 있는 사람의 이야기에 푹 빠져들면서 다양한 호기심이 일어납니다. 섬세하게 이야기를 들을 수 있다는 점, 그 이야기의 의미를 깊게 탐구할 수 있다는 점은 상담사로서 좋은 역량입니다.

이처럼 제가 '좋아하는 지점'은 '상담학'을 연구하는 자양분이 되었습니다. 처음엔 단순히 이야기를 좋아하는 줄 알았던 제가, 알고 보니 사람들의 이야기를 듣는 데 관심이 많다는 걸 깨닫고 상담심리사가 된 것이죠.

어려움을 견뎌서라도 하고 싶은 것

〈박물관이 살아있다Night At The Museum〉라는 영화에 등장하는 박물관은 낮 동안엔 다른 박물관과 별다를 게 없이 공룡 화석과 고대 유골 등이 전시되어 있습니다. 그러나 밤이 되면 그 전시물은 생명을 얻어 움직이며 박물관을 돌아다니기 시작합니다.

이처럼 일상을 살아갈 때는 잘 작동하지 않다가 깜깜한 절망이 찾아왔을 때 생명력을 발하는 우리 내면의 요소가 있습니다. 바로 우리가 오래전 잊어버린 '욕구'와 '소망'입니다. 밤이 깊을 때 비로소 별이 빛나고 있다는 사실을 알아차릴 수 있듯이, '그래서'가 아니라 '그럼에도 불구하고' 이루려는 목표를 발견해야 합니다. 온갖 어려움에도 불구하고 당신을 버티게 해주는 힘이 무엇인지 알아야 합니다. 우리가 해온 모든 작업은 바로 그 힘의 정체를 찾아보는 작업이었습니다.

저는 내담자의 깊은 고통에 공감하면서도 그곳에서 감히 희망을 바라봅니다. 자동차를 탈 때 백미러를 자주 보면 위험을 방지할 수는 있지만, 백미러만 보면서 운전할 수는 없습니다. 삶은 뒤가 아니라 앞을 향해 있습니다. 저는 상담에서 사람들의 과거 이야기를 주의 깊게 듣다가, 가만히 이런 질문을 던지고는 합니다.

"그렇게 어려운데도 불구하고,
당신을 여기까지 버티게 한 힘은 무엇인가요?"

내담자의 이야기를 천천히 들으면서, 저는 그 사람이 어느 순간부터 고통에 빠지게 되었는지를 탐색합니다. 바로 그 지점 이전의 삶에는 행복과 희망이 있었다는 뜻이기 때문입니다. 저는 그 이전의 밝았던, 그 사람에게 희망을 주었던 것이 무엇이었는지를 놓치지 않습니다. 우리를 인도하는 안내자는 그 내면의 빛입니다. 저는 그 사람의 절망 속에서 욕구, 열망, 꿈, 생장점을 발견하기 시작합니다. 저와 함께 그것을 발견하고 실제로 시험해 보면서 어느 순간 내담자는 일어나기 시작합니다. 일어날 수 있다는 마음가짐만큼 절망을 극복하는 데 중요한 건 없습니다.

정리해 볼까요? '잘할 수 있는 것'이 '정말 잘하는 것'이 되기 위해서는 지난한 과정과 쓰디쓴 고통의 시간이 필요합니다. 그러나 그 고통을 버틸 수 있는 이유는 그 '잘할 수 있는 것'이 내가 '좋아하는 것' 중에 있기 때문입니다. 지쳐 쓰러졌다가도 다시 일어날 수 있는 까닭은 내가 열망하는 것을 하고 있기 때문입니다. 너무나 힘든데도 포기하지 않는 까닭은 내가 그 일에 진정으로 큰 가치를 부여하기 때문입니다.

모든 것에 능통한 사람은 없습니다. 자신을 잘 이해했다고 해서 엄청난 천재가 되는 것도 아닙니다. 그러나 그게 우리가 하찮은 존재라는 뜻은 아닙니다. 우리는 '좋아하는 것'에 집중하고, 그 고유성의 토대에서 '잘할 수 있는 것'을 발견할 수 있습니다. 두 가지 축을 확고하게 정하고 자신에게 놓인 길을 가는 사람의 나침반은 굳건합니다. 당신 내면의 독수리는 두 날개를 펄럭이며 날아오를 채비를 합니다.

뜻밖의 사건을 기회로 바꾸는 '터닝 포인트'

진로상담 분야엔 전설적인 인물이 한 분 계십니다. 바로 프롤로그에도 잠시 언급한 바 있는 스탠퍼드대학교 교수 존 크럼볼츠입니다.

이전의 진로상담은 적성 검사를 한 후, 그 검사 결과에 맞는 직업군을 선택할 수 있도록 도와주는 방식이 대세였습니다. 누군가가 기계를 잘 다룰 거라는 결과가 나오면, 기계 공학을 전공하기를 추천한다거나 자동차 회사에 취업하는 게 유리할 거라고 조언하는 식이었죠. 그러나 크럼볼츠는 이런 방식을 완전히 뒤바꿔 버립니다.

그는 여러 연구를 통해 직업이란 단순히 어떤 적성이나 흥미에 따른 합리적인 매칭 시스템으로 결정되는 것이 아니라는 사실을 밝혀냅니다. 오히려 진로를 결정하는 데 있어서 더 중요한 요인은 삶의 '예측 불가능성'이었죠. 즉 사람들은 계획한 대로 진로를 정하는 것이 아니라, 예측 불가능한 우연한 요소에 큰 영향을 받아 직업을 선택한다는 뜻입니다. 예컨대 중학교 2학년 아이가 진로 및 적성 검사로 찾은 알맞은 직업이 변호사라고 하더라도 정말 그 아이가 변호사가 될 확률은 극히 낮습니다.

실제로 여러 진로 상담학자가 직업인들에게 어떻게 그 직업을 택하게 되었는지를 인터뷰해 보니, 어린 시절부터 적성을 찾고 계획하여 해당 직업을 갖게 된 사람은 극히 드물었습니다. 오히려 '우연한 사건' 때문에 현재의 직업을 선택했다는 사람들이 많았죠. 사실 우리의 삶은 매칭 시스템으로 쉽게 환원할 수 없을 정도로 복잡다단합니다. 일뿐만 아니라, 누구를 만나고 어떤 행동을 했는지 등 일거수일투족에 '우연한 사건'이 커다란 영향력을 행사하고 있습니다.

예측 불가능한 우연에 지배되는 사회

삶에서 했던 그 많은 선택이 그냥 우연이었다니, 학계는 충격에 빠졌습니다. 그토록 노력해서 만든 진로 및 적성 검사와 매칭 시스템 자체가 작동하지 않는다니? 이는 이 분야 전체의 신뢰도가 흔들릴 수도 있는 문제이니까요.

고대 농경 사회에서 아버지는 아들에게 농사짓는 법을 가르치는 걸 당연하게 여겼습니다. 그 아이 역시 당연히 농사를 지으면서 살아갈 테니까요. 그러나 현대에는 이런 미래에 관한 예측 가능성이 현저히 줄었습니다.

예컨대, 당신이 한평생 힌디어를 한국어로 번역하는 일을 했다고 생각해 봅시다. 그런데 어느 날 실시간으로 외국어를 번역해 주는 AI가 개발되고 맙니다. 또는 누군가 미래에 대비해 컴퓨터 프로그래밍을 반드시 배워야 한다고 당신에게 말했다고 합시다. 취업이 잘 된다는 말에 억지로 프로그램 언어를 배우던 차, 자동으로 프로그래밍을 해준다는 AI가 출시됐습니다. 이럴 땐 대체 어떻게 대응해야 할까요?

적성을 찾고, 그 적성에 잘 맞는 직장에 들어가 은퇴할 때까지 다니겠다는 말은 옛날이야기가 되어버렸습니다. 여러분은 10년 뒤를 예상할 수 있나요? 만약 당신이 안정적인 직업을 갖고 안락한 삶을 누리고 있다고 하더라도 그런 삶이 10년 뒤에도 이어지리라는 확신이 있나요? 1년 뒤는요? 아니, 내일은 어떤가요? 여러분은 내일 어떤 일이 일어날지 예상하실 수 있나요?

사회 변화가 빠르면 빠를수록 예상치 못한 '우연한 사건'은 더 빈번해질 것입니다. 즉 우리가 어떤 삶을 살지, 우리 삶이 어떤 방향으로 나아갈 것인지는 우리가 통제할 수 없는 '우연'에 좌지우지될 확률이 높습니다. 삶이란 이미 아는 길을 자동차로 편안하게 드라이브하는 모습보다는, 캄캄한 밤 알 수 없는 길에 내던져진 채 손으로 주변을 더듬으며 나아가야 하는 상황과 비슷합니다. 혼란스럽나요? 우연으로 진로가 결정되고 삶이 나아간다니.

우연한 사건은 크게 두 가지로 나뉩니다. 좋은 사건과 좋지 않은 사건이지요. 하지만 좋지 않은 사건이 닥쳤다고 해서 너무 놀랄 필요는 없습니다. 어떤 사람은 좋은 사건뿐 아니라 좋지 않은 사건 속에서도 기회를 발견하니까요.

영혼에 어두운 밤이 찾아올 때 누군가는 절망에 빠져 신음하지만, 또 누군가는 그 속에서 작은 희망을 포착합니다. 그리고 다른 사람을 원망하기 전에 그 희망을 품으며 조금씩 내공을 쌓아갑니다. 겨울은 혹독하게 춥지만 영원하지는 않습니다. 삶의 주기엔 어려울 때가 있지만 좋을 때도 옵니다. 추운 겨울이 지나고 따뜻한 봄날이 올 때, 희망을 간직했던 사람은 달리기 시작합니다. 좋은 기회가 찾아온다고 해서 모두가 그 결실을 누리는 건 아닙니다. 기회는 준비된 자만이 붙잡을 수 있습니다.

인생의 '터닝 포인트'를 붙잡는 방법

어떻게 우리에게 다가온 우연을 기회로 활용할 수 있을까요? 바로 이 질문에서 '계획된 우연'이라는 개념이 탄생합니다. 크럼볼츠는 우연한 기회를 붙잡는 방법으로 '계획된 우연'을 제시했습니다. 그가 진정 위대한 학자로 발돋움하게 된 순간이죠. 이제 계획된 우연이란 무엇인지, 그리고 우연 속에서 기회를 발견하도록 해주는 다섯 가지 핵심 법칙은 무엇인지 이야기해 보도록 하겠습니다.

앞에서 저는 우연이란 '예측하지 못하는 상태에서 발생하는 사건'이라고 말한 바 있습니다. 어떻게 예측할 수조차 없는 것을 계획할 수 있을까요? 궤변처럼 들리기도 합니다. 그러나 실제로 직업에서 성공한 사람들, 또 자신의 삶에 만족하며 살아가는 사람들의 이야기를 들어보면 그들 역시 우연한 기회로 그 자리까지 오게 되었다고 말할 때가 많습니다. 어떻게 그저 '우연한 기회'로 오른 자리에서 그토록 높은 성취와 만족감을 누리고 있는 것일까요?

이유는 바로 그 우연을 인생의 '터닝 포인트'로 활용했기 때문입니다. 이 사람들은 지금 와서 생각해 보니, 과거엔 우연이라고 생각했던 모든 사건이 지금의 나를 만들기 위한 어떤 '계획의 실현'이었던 듯하다고 털어놓기도 했습니다. 여기에서 '계획의 실현'이란 미래에 올 일을 실제로 예견했다는 뜻이 아닙니다. 이미 성취를 이룬 다음 되돌아보니 그 모든 우연이 지금 자신의 모습으로 이끌었다는 회고적 의미이죠. '계획된 우연'이란 지금의 내가 과거의 나를 회고하며 느끼는 개념입니다. 또한, 미래의 내가 지금의 나를 회고하면서 느끼게 될 개념이기도 합니다. 이는 모순이 아니라 놀라운 역설입니다.

어떤 사람은 운이 와도 그 기회를 놓쳐버립니다. 그러나 운이 찾아올 때 기회를 정확히 포착하고 움켜잡는 사람도 있습니다. 예를 들어 당신이 가수를 꿈꾸고 있는데, 우연히 누군가가 무대를 마련해 주었다고 생각해 봅시다. 당신이 대단한 잠재력을 가졌다고 하더라도 세상 살기에 바빠 연습을 전혀 하지 않았다면 이 행운은 아무것도 아닌 것이 되고 맙니다. 그런데 만약 당신이 제대로 준비된 상태라면 어떨까요?

당신은 그동안 때를 기다리며 내면에서 끓어오르는 열정을 갈고닦았습니다. 바로 그때 우연히 서게 된 무대는 당신의 시대를 열어줄 엄청난 기회가 되겠지요. 이것이 바로 '계획된 우연'입니다.

'계획된 우연'을 만드는 다섯 가지 법칙

크럼볼츠는 '우연'을 '계획된 우연'으로 바꾸는 다섯 가지 개념을 제시했습니다. 그 개념은 각각 호기심·지속성·유연성·낙관성·위험을 무릅쓰기입니다.

저는 이 개념의 본질을 제 언어와 경험에 기반을 두어 일상에 적용 가능한 법칙으로 바꿔 제시해 보려고 합니다. 사실 여기서 제가 이야기하려는 법칙들은 책 전반에 걸쳐 반복해서 나온 주제입니다. 우리가 지금까지 이야기했던 내용은 모두 이 다섯 가지 개념 안에서 정리할 수 있습니다.

이 법칙은 제가 실제 상담에서 활용하는 내용이기도 하며, 많은 사람에게 좋은 영향을 주었기에 여러분도 요긴하게 활용할 것이라 믿어 의심치 않습니다. 다섯 가지 법칙을 살펴보며 앞에서 논의했던 내용을 복습하고, 이 책의 메시지를 어떻게 삶 속에서 실천하면 좋을지 생각해 보도록 합시다.

첫 번째 법칙 : 다양한 것에 호기심을 가져라

첫 번째 법칙의 핵심 주제는 '호기심'입니다. 호기심이란 나침반의 첫 번째 축인 '좋아하는 것'과 거의 동일한 개념입니다. 좋아하는 것을 하며 인생을 살아야 하는 이유는 그 일이 성공을 담보해서가 아닙니다. 그것이야말로 내 인생을 즐겁고도 의미 있게 살 수 있는 길이기 때문입니다.

호기심이란 대단한 게 아닙니다. 내가 해보고 싶었던 일을 해보는 것일 뿐입니다. 가령 아직 읽지는 못했지만, 수년간 계속 읽고 싶다고 생각했던 책을 펼쳐보는 게 바로 호기심입니다. 호감이 있는데 만나지 못한 사람을 만나거나, 가보고 싶었는데 미처 못 가본 장소에 여행을 떠나는 것도 호기심에 속하겠지요. 좋아하는 것을 일상 속에서 꾸준히 반복해 실행하면, 경험의 폭이 늘어나며 인생이 점점 풍요로워집니다.

내가 좋아하는 것을 풍성하게 경험하고, 좋아하는 것에 둘러싸인 환경을 찾아가고, 나와 흥미가 같은 사람을 자주 만나다 보면, 나에게 맞는 '우연한 기회'를 만날 확률이 늘어납니다. 기회란 대부분 주위 사람들로부터 찾아올 때가 많으니까요. 저는 호기심을 갖고 다양한 경험을 겪은 사람이 좋은 기회를 얻는 경우를 많이 목격합니다. 그런 사람들도 자신이 얻은 좋은 기회를 '우연'이라고 말하곤 하지요.

즉, 기회를 만들고 싶다면 다양한 것에 호기심을 두고 자신의 영역을 확장해야 합니다. 넓은 영역 안에서 우리는 좀 더 많은 기회를 포착할 수 있습니다.

두 번째 법칙 : 배우며 성장하는 기쁨을 만끽하라

두 번째 법칙의 핵심 주제는 '지속성'입니다. 지속성이란 무조건 버티는 게 아닙니다. 물론 인내력을 뜻하긴 하지만, 그 인내력을 만들어 내는 동기는 내 안에 있어야 합니다.

낚시하는 사람이 허리 통증을 견디며 몇 시간을 앉아 있는 까닭은 낚시를 좋아하기 때문입니다. 졸린 눈을 비비면서도 게임을 하는 이유는 게임을 좋아하기 때문입니다. 너무 피곤한데도 누군가를 만나고 싶은 마음에 달려가는 까닭은 그 사람을 좋아하기 때문입니다. 이처럼 우리를 버텨내게 하는 지속성은 '좋아하는 느낌'에 기반을 둡니다. 그리고 이 지속성을 토대로 우리는 '좋아하는 것'을 일상에서 실현할 수 있습니다.

글을 쓰고 싶은 사람은 처음부터 엄청난 작품을 써내려

하지 말고, 자신이 어떤 이야기를 사랑하는지 알아본 후 첫 문장을 무엇으로 시작할지부터 구체화해야 합니다. 떠올린 첫 문장을 작은 노트에 적는 순간이 한 작가가 탄생하는 위대한 순간입니다. 책 한 권을 쓰겠다는 거창한 목표가 없어도, 그냥 가볍게 한두 문장이라도 꾸준히 써보면 도움이 될 것입니다. 세상의 모든 작가는 한 문장을 적는 것에서부터 작업을 시작하니까요.

쓰려는 이야기와 결이 비슷한 책을 읽어보거나, 표현하고 싶은 세계를 묘사한 듯한 미술이나 음악 작품을 감상하는 것도 좋습니다. 이 모든 활동은 잠들어 있는 창조성을 깨웁니다. 영감이 떠올라 무엇인가를 할 때도 있지만, 뭐든지 꾸준히 하다 보면 영감이 떠오르기도 합니다. 그리고 한 가지 일을 끈기 있게 반복하면 '좋아하는 것' 속에서 나침반의 두 번째 축인 '잘할 수 있는 것'의 싹이 자라기 시작합니다.

우리는 날마다 선택을 하며 살아갑니다. 좋아하는 것을 선택하고, 그중에서 좀 더 잘하는 일에 집중할 때 우리 삶에는 조금씩 질서가 생겨납니다. 성공을 이루는 것도 물론 기쁘겠지만, 그보다는 성장하는 과정 자체가 더 큰 기쁨을 줍니다. 취미가 특기로 발전하고, 특기는 어느 순간 임계점을 넘으면서 강력한 역량이 됩니다.

이를 위해선 무수한 몰입의 시간이 필요합니다. 지극히 어려운 시간을 버텨낼 수 있는 이유는, 앞서 말했듯 내가 그 일을 좋아하기 때문입니다. 또 파릇파릇한 '탁월함'의 새싹이 자라나는 모습을 볼 수 있기 때문입니다. 그 탁월함은 지금은 작은 새싹에 불과하더라도 언젠가 꽃을 피울 것입니다. 여유로움은 조급함을 이깁니다. 올바른 방향이 속력보다 중요합니다. 얼마나 빨리 자라느냐보다 얼마나 굳건히 뿌리를 내리느냐가 나무의 생명을 담보합니다.

세 번째 법칙 : 삶은 변한다는 사실을 인정하고, 유연하게 대처하라

세 번째 법칙의 핵심 주제는 '유연성'입니다. 우리 삶의 방향은 계속 변화합니다. 예컨대 아이 때는 종이접기를 좋아했는데, 어느 순간부터 자전거를 고치는 일이 더 좋아질 수 있습니다. 그러다 갑자기 자전거 디자인으로 관심이 옮겨가고, 나중엔 자동차에 흥미가 생깁니다. 문득 이런 생각도 들기 시작합니다. '가장 효율적이면서도 황홀한 디자인을 갖춘 자동차는 어떤 모습일까?' 이처럼 청소년기를 지나 성인이 되는 과정에서, 내가 무엇을 좋아하고 어떤 분야를 공부해야 하는지 차츰차츰 명확해집니다.

레오나르도 다빈치는 10대 때부터 그림을 그렸습니다. 그가 살던 시대에는 각 직업 사이의 경계가 뚜렷했고 각 분야가 상당히 폐쇄적이었습니다. 그림을 공부한 다빈치는 위대한 화가가 되었으나, 그 외에 해부학·역학·공학·식물학 등 다양한 분야에도 조예가 깊었습니다. 그리고 그 분야 중 대부분은 그가 성인이 된 후에 배운 것이지요. 다빈치는 자신의 지식을 살려 다양한 발명품을 세상에 내놓았습니다. 그에겐 화가라는 직역에 갇히지 않고 끊임없이 다른 분야를 탐구하고자 하는 유연성이 있었습니다. 이 점이 그를 진정 위대하게 만든 동인이 아니었을까요?

삶의 방향은 계속 바뀝니다. 계절처럼 주기를 타기도 합니다. 당신이 '좋아하는 것'과 '잘할 수 있는 것' 역시 바뀔 수 있습니다. 삶은 고정된 지도가 아니라, 수시로 움직이는 나침반입니다. 그러나 우리가 불안해하지 않고 한 걸음씩 나아갈 수 있는 까닭은 그 나침반의 자침이 우리 내면에 뿌리를 두고 있기 때문입니다. 나침반이 우리 내면에 있다는 사실을 깨달으면, 어두운 폭풍 속에서도 나의 목적지를 향해 굳건히 나아갈 수 있습니다.

네 번째 법칙의 핵심 주제는 '낙관성'입니다. '중요한 건 꺾이지 않는 마음'이라는 유행어가 있지요. 사실 이 말을 사용하려면, 먼저 마음이 꺾일 만한 시련을 겪는 중이라는 전제가 필요합니다.

삶에는 우리 의지를 꺾어버릴 만한 실패가 도사리고 있습니다. 산다는 건 이런 실패를 마주할 수밖에 없다는 의미지요. 밀물이 왔으면 썰물이 오고, 봄이 있다면 겨울이 있는 것처럼 실패란 삶의 원리입니다. 기세 좋게 시작한 일이 어그러질 수 있고, 괜찮다고 생각하고 시작한 일이 처참한 결과를 낳을 때도 있습니다. 어떤 실패는 너무나 뼈아픈 나머지 우리를 완전히 고립시키기도 합니다. 이 상황이 바로 영혼에 어두운 밤이 찾아온 때입니다.

이런 상황에서 낙관성을 발휘하라는 말은, 부정적 상황을 도외시한 채 무조건 긍정적인 생각에만 몰두하라는 의미가 아닙니다. 누군가 와서 지금 겪는 일에 관한 현실적인 조언을 할 때, 재수 없는 소리 그만하라며 제지하라는 뜻은 더더욱 아닙니다. 낙관적 시각이란 오히려 현재 상황을 정확히 판단하는 것을 의미합니다. 낙관주의는 자신이 처한 상황을 냉정하게 평가하는 데서부터 시작합니다. 그렇다고 모든 것이 끝났다고 자책하라는 뜻은 당연히 아니겠지요. 바닥을 박차고 도약하려면 먼저 바닥에 발을 디뎌야 하듯이, 어려운 상황을 정확히 인식하고 어려움을 이겨내는 방법에 몰두하는 것이 바로 낙관적 사고의 본질입니다.

저는 지독한 실패에 빠진 내담자에게 과거에 유사한 실패를 했던 경험이 있는지 묻습니다. 그리고 그 실패에 어떻게 대처했는지를 물어봅니다. 그러면 내담자는 처음엔 자신의 실패에 관해 얘기하다가, 그 실패를 극복하고 대처했던 경험으로 초점을 이동합니다. 극복 경험을 충분히 모았다고 여겼을 때, 저는 "그때 그 일을 극복했던 경험을 현재에 적용해 본다면 어떨까요?"하고 질문을 던집니다. 과거에 역경을 극복한 경험은 현재 나의 토대를 단단하게 만들어 줍니다.

썰물이 왔을 때 바닷물이 영영 말라버렸다고 생각하는 사람은 없습니다. 조금 있으면 밀물이 들어온다는 사실을 알기 때문입니다. 이처럼 쓰라린 위기 안에서도 늘 새로운 기회를 볼 수 있습니다. 낙관주의란 '왜'가 아닌 '어떻게'라고 질문하는 시각입니다. 어려운 상황을 정확히 판단한 상태에서, '왜' 이런 일이 생겼는지를 자책하는 게 아니라 '어떻게' 이 상황을 극복할지에 초점을 맞추는 것이죠. 과거에 비슷한 실패를 극복했던 경험을 찾아 어떻게 그 경험을 활용할지 생각하는 태도가 낙관성입니다.

미래가 절망뿐이라고 믿으면 현재에도 좌절감이 엄습합니다. 심지어 그리 나쁜 상황이 아닌데도 지독한 우울감이 밀려오지요. 그러나 지금 정말 어렵다고 하더라도 미래엔 좀 더 나아지리라 믿는 마음은 우리 안에 낙관성을 자라나게 합니다. 그러므로 괜찮지 않을 때, 절망에 빠져 있을 때야말로 희망을 품을 필요가 있습니다. 낙관성이 주는 믿음 속에서 우리는 미래를 향해 한 걸음을 뗄 수 있습니다.

다섯 번째 법칙 : 위험을 무릅쓰고 모험을 추구하라

여기서 '위험을 무릅쓴다'라는 말은 도박에 판돈을 몽땅 거는 것처럼 무모한 행동을 뜻하는 게 아닙니다. 위험이 뒤따른다고 해도 더 큰 이상을 위해 한 걸음 나아갈 수 있는 단호한 결의를 뜻합니다.

무엇인가를 실행한다는 건 두려운 일입니다. 설령 스스로 재능이 있다고 생각하더라도 그 재능을 발휘하길 꺼리는 근본적 이유는, 재능을 선보였을 때 별다른 반응이 없을지도 모른단 두려움에 있습니다. 그러므로 처음 도전할 때 가장 중요한 것은 재능이 아니라 용기입니다. 아무리 재능이 출중해도 두려움에 휩싸여 아무것도 하지 않는다면, 실패도 성공도 없이 현 상태에 머무를 뿐이니까요. 우리는 지금 한 걸음을 내디뎌야 할까요, 아니면 내일로 미루거나 다른 사람이 행동할 때까지 기다려야 할까요?

앞서 《해리 포터》 시리즈의 작가인 조앤 롤링 이야기를 했었는데, 잘 아시다시피 이 소설은 영화화가 된 적이 있습니다. 영화에서 소설의 여주인공 헤르미온느를 연기한 배우는 엠마 왓슨(1990~)입니다. 저는 그녀가 2014년에 UN에서 발표한 연설을 듣고 깊이 감동한 적이 있습니다. 그녀 내면에 있는 강렬한 무엇인가를 보았고, 그 울림이 전해졌기 때문입니다. 그 연설 중 일부를 여러분에게 소개해 보려고 합니다.

> 이 연설을 한다는 것이 초조하고, 의심이 들기도 합니다.
> 그때 저는 저 자신에게 단호하게 말합니다.
> "내가 아니면 누가 할 건데?"
> "지금이 아니면 언제 하겠어?"

여러분이 이루고자 하는 꿈을 찾았다 하더라도, 그 꿈을 실현하기 위해선 위험이 도사린 환경으로 발을 내디뎌야 합니다. 행동에 나설 때 여러분을 멈칫하게 하는 두려움 역시 여전할 것입니다. 그러므로 무엇인가를 실행한다는 건 진정 큰 용기가 필요한 일입니다. 여러분이 안주하는 삶으로 돌아가려고 할 때, 다시 침대에 누워버리려고 할 때, 문밖에 나서기를 두려워할 때, 우리 내면의 비난자는 이렇게 말합니다.

'네가 무슨 그런 일을 하겠어.'

'그런 큰일을 네가 어떻게 하겠어.'

이런 속삭임이 여러분에게 들릴 때, 그 목소리에 이렇게 대항해 보세요.

"내가 아니면 누가 할 건데?"

여러분의 용기에 놀란 내면의 비난자는 놀라서 뒷걸음칠 수 있습니다. 그러나 이번에도 포기하지 않고 여러분에게 달콤한 이야기를 속삭입니다. '그래, 그래, 네가 해야지. 그런데 바쁜 일 좀 끝나고 5년 뒤에 하자. 아냐 3년만 미루자. 그것도 힘들면 내년에 하자'라고요. 그때는 이렇게 저항해 보도록 합시다.

"지금 아니면 언제 하겠어?"

지금까지 미뤄왔고 이번에도 또 미룬다면 영영 못 할 가능성이 큽니다. 꿈이든, 목표든, 상상이든 내 안에 있는 것이 아무리 대단해도 실행하지 않는다면 그저 관념일 뿐입니다. 상상만 하면서 무엇인가 이루어질 거라고 말하는 건 궤변입니다.

상상을 현실로 이루려면 실천을 해야 합니다. 그리고 실천을 위해 필요한 준비물은 모험심과 도전 정신입니다. 여러분이 무엇인가를 상상하고 계획할 때, 동기와 더불어 두려움도 싹틀 것입니다. 나보다 더 뛰어난 누군가가 해야 할 일이라고 회유하는 목소리가 들릴지도 모르죠. 조금만 더 쉬자고, 미루자고 말하는 나에게 이렇게 주장하시기 바랍니다.

"내가 아니면 누가 할 건데?"

"지금 아니면 언제 하겠어?"

에필로그

작은 도토리 안에 상수리나무가 깃들어 있듯이

삶의 방향성을 세울 때는, 당신이 결국 무엇을 위해 이 일을 하고 있는지를 점검해 봐야 합니다. 변화하는 현실 속에서 우리를 굳건하게 지탱하는 힘은 다름 아닌 우리의 '고유성'입니다. 그 고유성은 '좋아하는 것'과 '잘할 수 있는 것'으로 이루어져 있습니다. 진심으로 어떤 일을 즐기고 있는 사람은 어려운 일을 겪어도 쉽게 꺾이지 않습니다. 또한, 자신이 좋아하는 것 안에 '탁월함'의 가능성이 숨어 있다는 걸 알기에 한 걸음 내디딜 용기를 얻습니다.

칼 융은 우리 내면에 숨겨져 있는 원형을 '씨앗'이라고 표현하기도 했습니다. 그리고 그 원형이 실현되어 열매로 나타나는 것을 '자기실현'이라고 불렀습니다. 문제는 원형이란 워낙 깊이 숨겨져 있어 우리 자신도 그것이 무엇인지 알기 어렵다는 점입니다. 한 가지 비유를 들어볼까요? 당신은 정원사이고, 드넓은 대지를 아름다운 정원으로 바꿀 임무가 있습니다. 땅에는 다양한 씨앗이 심겨 있습니다. 그러나 그 씨앗들은 당신이 뿌린 게 아니라, 이전에 다른 누군가가 심어 놓은 것이라 어디에 무엇이 심겼는지는 알 수가 없습니다.

어떤 정원사는 "이렇게 땅이 넓은데, 어디에 씨앗이 있는지 알고 가꾼담"이라며 낙담하고 불평합니다. 좀 더 도전적인 정원사는 넓은 땅에 두루두루 물을 주자는 생각을 해냅니다. 처음엔 별 효과가 없어 보였지만, 물을 주는 횟수가 늘수록 조금씩 환경이 변화합니다. 황폐해 보였던 땅에서 여기저기 작은 새싹이 자라나기 시작합니다. 정원사는 그중 좀 더 잘 자라는 싹에 집중해 섬세하게 가꾸고 가지치기도 해줍니다. 어느덧 황무지는 꽃과 나무로 가득한 정원으로 탈바꿈합니다. 초보 정원사가 훌륭한 정원사로 발돋움하는 순간입니다.

이 비유에서 씨앗은 당신이 가진 원형입니다. 물을 준다는 것은 경험을 통해 원형을 깨우는 과정이죠. 비유에서처럼 우리가 삶의 방향을 정할 땐 다양한 분야에 호기심을 갖고 여러 활동을 해보는 것이 좋습니다. 어디에 내 탁월함의 씨앗이 심겼을지 모르니까요. 그러다 '나에게 이런 재능이 있었네!'라는 마음이 들게 만드는 일을 발견했다면, 작게라도 계속 실천하고 노력해야 합니다.

씨앗이 원형이라면, 꽃과 열매는 당신이 세상에 내보이고자 하는 무언가입니다. 도토리는 작지만 수십 년 된 상수리나무는 아주 거대합니다. 그러나 상수리나무의 '현실태'는 도토리의 '잠재태'가 발현된 것입니다. 상수리나무는 도토리의 원형을 실현한 모습이죠. 어떻게 작은 도토리 안에 그렇게 거대한 나무가 숨겨져 있었을까요?

현재 상황만 보고 자신의 가능성을 미리 가둬두지 않기를 바랍니다. 지금 어느 정도인지보다, 앞으로 얼마나 더 뻗어 나갈 수 있는지 생각해 보는 쪽으로 관점을 바꾸시기 바랍니다. 겨울이면 씨앗은 잔뜩 웅크리며 추위가 지나가기만을 기다립니다. 이른 봄 추위에도 새싹은 떨기는 하되 쓰러지진 않습니다. 따듯한 봄이 왔을 때 피워낼 꽃과 열매를 꿈꾸기 때문입니다. 농부 역시 언 밭을 보며 좌절하지 않습니다. 그는 수확 철을 기다리며 묵묵히 밭을 가꿀 뿐입니다.

우리의 무대는 아직 준비되지 않았습니다. 그렇기에 아직 무대에 오를 순간에 대비할 기회가 있습니다. 그리고 무대에 설 기회가 우연히 왔을 때, 우리는 우리 고유의 몸짓으로 춤을 추게 될 것입니다. 당신은 어떤 무대를 상상하고 있나요? 그 일을 위해 오늘 무엇을 해볼 생각인가요?

우연은 지금도 계속 일어나고 있습니다. 적은 물이 모여 옹달샘을 만들고, 그 옹달샘이 흘러 강과 바다로 향하듯이 작은 우연이 모여 우리 삶의 방향을 만들어 갑니다.

꿈은 어디에 있을까요? 꿈은 외부에 있는 게 아닙니다. 꿈이란 당신이 생각할 수 있는 가장 먼 산의 봉우리에 있을 것 같지만, 사실 처음부터 당신 안에 머물러 있습니다. 인생의 목표는 다른 누군가가 되는 게 아니라 이미 내 안에 있는 자원을 활용하는 방향으로 세워야 합니다.

현실에서는 절망스러울 때도 많이 있습니다. 그러나 우리는 괴롭고 어려운 시기일수록 인생의 궁극적 목적과 함께 오늘의 목표를 세워야 합니다. 그 목적이 역경 속에서도 우리를 인도해 주기 때문입니다. 내 인생에서 정말 중요한 것이 무엇인지 알아야 하는 까닭은 그것이 바로 우리 삶의 방향성을 결정하는 나침반이기 때문입니다.

이제 글을 정리해 볼까 합니다. 다시 말하지만 꿈은 아직 현실태가 아니므로 꿈만 꾼다고 해서 달라지는 일은 아무것도 없습니다. 그러나 꿈은 우리를 움직이게 하는 희망입니다. 내가 강렬히 원하는 것이자 내가 이룩하고자 하는 세계관입니다. 그러므로 꿈이란 결국 나의 궁극적인 이상향이라고 부를 수 있습니다. 나의 이상향은 나에게서 나온 것이고, 그곳에 도달하는 여정도 내 안에 있으며, 한 걸음을 떼는 이 또한 나입니다. 당신이 누구냐고 사람들이 물을 때 이렇게 대답해 보시면 어떨까요?

"저는 가능성을 실현하는 존재입니다.
여전히 그 가능성을 향해 다가가는 중입니다."

당신이 무엇을 꿈꾸는지, 오늘을 어떻게 살아가는지, 누구를 만나는지에 따라 당신의 미래는 완전히 달라집니다. 수많은 '계획된 우연'을 활용해 내면에 숨겨진 빛깔을 얼마나 풍요롭게 드러낼 수 있을지는 오로지 당신에게 달렸습니다.

작은 행동과 선택이 모여 당신을 거대한 대양으로 향하게 하는 파도를 만듭니다. 그 장엄한 물결 속에서 분명 당신은 커다란 상수리나무 숲을 보게 될 것입니다.

'좋아하는 것'을
'잘하는 일'로 만드는
법칙

초판 1쇄 발행 2024년 8월 20일
초판 3쇄 발행 2025년 1월 6일

지은이 • 이헌주

펴낸이 • 박선경
기획/편집 • 이유나, 지혜빈, 김슬기
마케팅 • 박언경, 황예린, 서민서
제작 • 디자인원(031-941-0991)

펴낸곳 • 도서출판 갈매나무
출판등록 • 2006년 7월 27일 제395-2006-000092호
주소 • 경기도 고양시 일산동구 호수로 358-39 (백석동, 동문타워 I) 808호
전화 • (031)967-5596
팩스 • (031)967-5597
블로그 • blog.naver.com/kevinmanse
이메일 • kevinmanse@naver.com
페이스북 • www.facebook.com/galmaenamu
인스타그램 • www.instagram.com/galmaenamu.pub

ISBN 979-11-91842-72-2/03190
값 18,500원